Noteer je dit even?

Noteer je dit even?

Tips en oefeningen voor assertief en efficiënt notuleren

Ellis Buis

Thema, uitgeverij van Schouten & Nelissen

© Thema, Zaltbommel

Eerste druk, 2005
Vierde druk, 2012

Alle rechten voorbehouden. Niets uit deze uitgave mag worden vermenigvuldigd, opgeslagen in een geautomatiseerd gegevensbestand of openbaar gemaakt, in enige vorm of op enige wijze, hetzij elektronisch, mechanisch, door fotokopieën, opnamen of enige andere manier, zonder voorafgaande schriftelijke toestemming van de uitgever.

Omslagontwerp: Van Lieshout visuele ideeën, Nijmegen
Opmaak binnenwerk: Werktitel, Amsterdam
Grafische productie: Tailormade, Buren

Foto omslag: © Morguefile, Michael Connors
Opname cd: Cell4, Rossum
Productie cd: AMR Productions, Rosmalen

ISBN 978 90 5871 425 1
NUR 810
TREFWOORD notuleren

www.thema.nl

Woord vooraf

U notuleert regelmatig, of u gaat dit binnenkort doen. U wilt uw notuleerkennis opfrissen of verdiepen, anders had u dit boek niet gekocht.
Het maken van notulen is vaak de taak van (directie)secretaresses of van secretarissen. Maar ook als u lid bent van een projectteam, medezeggenschapsraad of bestuur van een vereniging loopt u de kans dat u de vraag krijgt: 'Noteer je dit even?'

Opvallend is hoeveel mensen de kriebels krijgen van zo'n vraag, zelfs als zij ervaren schrijvers zijn. Wat vindt u spannend aan notuleren? Dat u goed moet luisteren om uit een stortvloed van woorden de kern van de boodschap te halen? Bezorgt het uitschrijven van de notulen u kippenvel? Of vindt u alles lastig? Dat hoeft niet. Misschien is het goed om te weten dat notuleren gewoon een vaardigheid is, die net als een brief of een rapport schrijven goed te leren valt.

Dit boek bevat weinig theorie, maar genoeg om de basisbeginselen van notuleren onder de knie te krijgen. Er staan tips in die u direct kunt toepassen bij het maken van verschillende soorten notulen: van een compacte actielijst tot en met een uitgebreid verslag.
Niet alleen daarom is het een echt praktijkboek. Waarschijnlijk herkent u uw eigen bezigheden in de vele voorbeelden. De voorbeelden in de tekst en de bijlagen ondersteunen u bij uw werk.
Wat dit boek onderscheidt van andere boeken over dit onderwerp, is de cd met oefenfragmenten. U kunt met deze cd op uw werk of thuis oefenen om het notuleren (beter) onder de knie te krijgen.

Bij het schrijven van dit boek heeft een team medewerkers van Schouten & Nelissen mij ondersteund. Bedankt voor jullie tips en opmerkingen! Veel inspiratie kreeg ik van de deelnemers aan mijn notuleertrainingen die mij lieten delen in hun praktijk. Zij leverden de stof voor een aantal voorbeelden en cases.

Ook wil ik een aantal mensen bedanken voor het inspreken van de cd: Klaas Baas, Mike Blom, Lex Eckhardt, Johannes de Geus, Ellen van der Hart, Marieke Heesakkers, Paul Heijmering, Hans Hurkmans, Marco van Ieperen, Mildred van der Kolk, Ammy Kuiper, Monique Lindzen, Marianne van Munster, Barbara Oosterwaal, Wijnie Puijk, Berty Schaap, Robert Schulte, René Spoolder, Chiel Strijbos en Sandra Tulp.

Ik wens u veel plezier bij het lezen van dit boek, en bij het oefenen met de cd.

Ellis Buis

Inhoud

Inleiding	9
1 Klaar voor de start	12
1.1 Functies van notulen	12
1.2 Notuleren in fases	13
1.3 Eerst luisteren, dan schrijven	14
1.4 De WWWWWH-methode	15
1.5 De plaats van de notulist	16
1.6 Rollen en taken	17
1.7 De assertieve notulist	21
2 De vergadering begint	23
2.1 Soorten notulen	23
2.2 Actielijst en actie-/besluitenlijst	24
2.3 Beknopte notulen	26
2.4 Uitgebreide notulen	28
2.5 Aantekeningen maken op notuleerpapier	31
2.6 Ontwerp uw eigen afkortingensysteem	33
2.7 Notuleren op de laptop	34
3 En nu het verslag ...	37
3.1 Uitwerken in stappen	37
3.2 Indeling en opmaak van notulen	40
3.3 Kort, zakelijk en eenduidig formuleren	43
3.4 Een agenda maken	47
4 Cases en oefeningen	53
4.1 Case 1: commissievergadering Ruimte en Bedrijvigheid (oefening 1)	53

4.2 Case 2: overleg buurtfeest Bloemenwijk (oefening 2, 3, 4)	54
4.3 Case 3: directieoverleg Octaviuscollege (oefening 5, 6, 7)	57
4.4 Case 4: redactievergadering *Drieluik* (oefening 8, 9)	60
5 Modeluitwerkingen	63
5.1 Toelichting	63
5.2 Modeluitwerking bij case 1	64
5.3 Modeluitwerkingen bij case 2	65
5.4 Modeluitwerkingen bij case 3	69
5.5 Modeluitwerkingen bij case 4	75
Bijlage I Schema vergaderoverzicht	81
Bijlage II Voorbeelden actielijsten	82
Bijlage III Voorbeelden indeling notuleerpapier	84
Literatuur	86

Inleiding

Suzanne notuleert wekelijks een vergadering van het managementteam van een landelijke zorgverzekeraar. Er zijn vijf deelnemers, inclusief de voorzitter. De voorzitter is een vlotte prater. Bij ieder agendapunt is hij zelf ruim aan het woord. Dat niet alleen, hij improviseert ook nogal graag. Aangestoken door zijn enthousiasme laten de overige deelnemers zich niet onbetuigd. Wie het woord wil hebben en houden in deze vergadering, moet flink zijn best doen. Het gevolg: deelnemers praten door en langs elkaar heen. De agenda wordt nauwelijks gevolgd. En hoeveel tijd Suzanne ook besteedt aan het zorgvuldig uitwerken van de notulen, er zijn altijd wel op- en aanmerkingen. Dat ondermijnt haar zelfvertrouwen en plezier in dit deel van haar werk.

Herkent u deze situatie? Laten we hopen van niet. Het kan bijna niet anders dan dat de notulen van Suzanne lang niet zo goed zijn als ze zelf zou willen. Dat ligt maar voor een deel aan Suzanne: de deelnemers aan de vergadering maken het haar niet gemakkelijk. Vooral de voorzitter doet niet wat hij moet doen: hij zit namelijk niet vóór. Dat is erg lastig voor Suzanne. Logisch dat ze het plezier in notuleren verliest.

Plezierig notuleren is notuleren met het nodige zelfvertrouwen. Een prettige portie assertiviteit helpt om dat zelfvertrouwen te krijgen. De ondertitel van dit boek is niet voor niets *Tips voor assertief en efficiënt notuleren*. Een groot gedeelte van hoofdstuk 1 van dit boek is gewijd aan wat vergaderdeelnemers van u als notulist mogen verwachten – en andersom. U zult zien dat dienstbaarheid en assertiviteit prima samengaan, en dat juist deze combinatie zorgt voor leesbare en kernachtige notulen.

Notuleren is een vaardigheid die te leren is, en als u die eenmaal in de vingers hebt, krijgt u er waarschijnlijk nog plezier in ook. De meeste organisaties hebben veel waardering voor ervaren notulisten. Ga maar na: vergaderdeelnemers staan vaak niet te trappelen om deze taak op zich te nemen. Daar hebben ze een professional voor nodig: u.

In dit boek is gekozen voor 'zij' en 'haar', waar 'hij'/'zij' en 'zijn'/'haar' had kunnen staan. Dit komt de leesbaarheid ten goede. Ik vraag hiervoor begrip van de mannelijke lezers van dit boek. Notuleren is beslist niet voorbehouden aan vrouwen: aan de notuleertrainingen die ik geef, nemen regelmatig mannelijke deelnemers deel.

Leeswijzer

Dit boek bestaat uit vijf hoofdstukken. Hoofdstuk 1 heet 'Klaar voor de start' en is gewijd aan de basisprincipes van notuleren. Waarom hechten organisaties zoveel belang aan notulen? Welke vaardigheden hebt u nodig, in welke fase van het notuleerproces? Wat is de beste plek voor de notulist in de vergadering? Welke rollen en taken hebt u als notulist, en wat mag u van de andere vergaderdeelnemers verwachten? U leest waarom een assertieve opstelling aan de basis ligt van kwalitatief goede notulen.

Hoofdstuk 2 heet 'De vergadering begint'. U merkt dat er verschillende soorten notulen zijn. Deze verschillende soorten worden besproken aan de hand van voorbeelden.
U leert aantekeningen in trefwoorden maken op notuleerpapier. Gebruikmaken van notuleerpapier betekent dat u bij het maken van aantekeningen al rekening houdt met de opbouw van uw uitgewerkte notulen. Tot slot krijgt u tips voor het notuleren op de pc.

Hoofdstuk 3 heet 'En nu het verslag ...' en bespreekt het stap voor stap uitwerken van notulen. U maakt kennis met een belangrijke fase bij het notuleren: de gouden tien minuten. De indeling en de opmaak van notulen komen aan bod.

Inleiding

Het hoofdstuk sluit af met aanwijzingen voor het maken van een agenda. Natuurlijk is het maken van een agenda een voorbereidende activiteit. U had dit onderdeel misschien dan ook wel in hoofdstuk 1 verwacht. Maar het uitwerken van notulen heeft veel te maken met de agenda van een vergadering. Vandaar dat de uitleg over het maken van een agenda een plaats kreeg in dit deel van het boek.

Hoofdstuk 4 bestaat uit de cases en de instructies voor de oefeningen die u kunt doen. De modeluitwerkingen staan in hoofdstuk 5. Tot slot bevat dit boek nog een literatuurlijst en een aantal bijlagen.

Vragen
In dit boek staat af en toe een vraag. U herkent ze aan het vraagteken in de kantlijn. Deze vragen zijn bedoeld om u stil te laten staan bij uw eigen notuleerpraktijk. Lezen over notuleren is eenvoudig, lastiger is het om de opgedane kennis in de praktijk te brengen. De vragen helpen u die vertaalslag te maken.

Tips
Dit boek bevat ook tips. U herkent ze aan het uitroepteken. Soms zijn ze alleen bedoeld voor beginnende notulisten, vaak zijn ze waardevol voor alle lezers van dit boek.

Bent u een beginnend notulist? Zoek dan op uw werk of in uw omgeving een ervaren notulist, die u de eerste paar keer met raad en daad kan bijstaan. Zij kan u helpen uw aantekeningen te ordenen en u helpen met de formulering en vormgeving van de definitieve versie.

1 Klaar voor de start

1.1 Functies van notulen

Waarom hechten organisaties waarde aan notulen? Anders geformuleerd: waarom doet u wat u doet? Wat gebeurt er met de notulen die u gemaakt hebt? Wie leest ze en waar worden ze bewaard? Wat zou er gebeuren als er van de vergadering(en) of bijeenkomsten geen verslagen werden gemaakt?

Meestal hebben notulen een of meer functies:
- Ze zijn een geheugensteun voor vergaderdeelnemers, want die kunnen besproken informatie en genomen besluiten gemakkelijk terugvinden.
- Deelnemers die tijdens de vergadering niet aanwezig waren, kunnen achteraf lezen wat er in de vergadering besproken werd.
- Notulen zijn voor organisaties een controlemiddel voor de voortgang en uitvoering van genomen besluiten en afgesproken acties.
- Notulen kunnen weergeven hoe de besluitvorming bij een agendapunt verlopen is. Dit kan van belang zijn voor de achterban van vergaderdeelnemers.

Kortom, u levert als notulist een belangrijke bijdrage aan de continuïteit en productiviteit van uw organisatie.

? *Wat en waarom notuleert u? Breng de vergadering(en) die u notuleert in kaart! Bijlage 1 is een schema dat u daarvoor kunt gebruiken. U vult dit overzicht aan met informatie uit hoofdstuk 2.*

Klaar voor de start

1.2 Notuleren in fases

Het maken van goede notulen is een combinatie van deelvaardigheden. Denk bijvoorbeeld aan lezen, luisteren, selecteren, samenvatten, vragen stellen, aantekeningen maken, ordenen, bondig en zakelijk formuleren en een document opmaken. Gelukkig hoeft u deze activiteiten niet allemaal tegelijk uit te voeren.

Notuleren valt namelijk in fases uiteen: die van Voorbereiding, Tijdens de vergadering en Na de vergadering. Dit boek volgt inhoudelijk deze drie fases. U vindt ze terug in dit schema.

Hoofdstuk 1	Fase I	Voorbereiding
	Voorbereiden notulen	Inlezen
		Vragen stellen
		Indeling notuleerpapier kiezen
Hoofdstuk 2	Fase II	Tijdens de vergadering
	Aantekeningen maken	Luisteren
		Selecteren en samenvatten
		Vragen stellen
		Informatie ordenen
		Schrijven
Hoofdstuk 3	Fase III	Na de vergadering
	Direct na de vergadering	Informatie selecteren en aanvullen
		Aantekeningen ordenen
	Notulen uitschrijven	Formuleren
		Document opmaken

Merk op dat het maken en versturen van een uitnodiging (met een deftig woord de convocatie) en een agenda in dit schema ontbreekt. Als u als notulist het opstellen van de agenda verzorgt, of eraan meehelpt, dan valt deze activiteit onder fase I. In sommige organisaties is het verzorgen van de agenda niet de taak van de notulist, maar van de secretaris en/of de voorzitter. Over het maken van een agenda leest u meer in paragraaf 3.4.

> In de derde kolom van het schema is notuleren opgedeeld in een aantal deelvaardigheden. Wat kunt u goed, en wat zijn uw verbeterpunten?

1.3 Eerst luisteren, dan schrijven

Luisteren is bij notuleren een belangrijke activiteit. Luisteren vereist de vaardigheid om neutraal te blijven én u in de ander in te leven. Alleen zo kunt u informatie op de juiste wijze interpreteren.

Het grootste probleem is dat een luisteraar zich soms verliest in haar eigen gedachten en ideeën terwijl iemand anders spreekt. Zij is dan niet meer met haar aandacht bij de ander.
Een andere complicatie is dat de meeste luisteraars graag alles willen meeschrijven. Als u dat probeert, kunt u hoofd- en bijzaken slecht van elkaar scheiden. De essentie van de boodschap gaat dan gemakkelijk verloren.
Notuleren is selecteren op hoofdzaken. De vraag 'Waar gaat dit agendapunt/deze bijdrage van de spreker over?' is daarbij een belangrijk hulpmiddel.

Luisteren en schrijven zijn twee verschillende vaardigheden. U kunt ze combineren, maar dan zal de kwaliteit van de ene vaardigheid ten koste gaan van de andere.
Bij het aantekeningen maken tijdens een vergadering legt u het accent op luisteren. U zorgt ervoor dat u regelmatig oogcontact hebt met de voorzitter. U maakt korte notities in steekwoorden, het liefst volgens uw eigen afkortingensysteem dat later behandeld wordt. In paragraaf 2.6 staat hoe u dat het beste kunt doen.

! *Dwing uzelf om niet met ieder gesproken woord mee te schrijven tijdens een vergadering. Dat gaat ten koste van uw vermogen om goed te luisteren. Een simpel hulpmiddel is uw pen voor u neer te leggen, en pas te gaan schrijven als u vindt dat u de kern uit de boodschap hebt opgepikt.*

1.4 De WWWWWH-methode

Selecteren van informatie doet iedereen, de hele dag door. Op dit moment, terwijl u dit leest, zijn er honderden dingen die u zou kunnen opmerken. Misschien kucht er iemand of zoemt er een monitor, er gaat een telefoon, er schuift een wolk voor de zon waardoor de lichtinval verandert, uw linkerhand jeukt een beetje en u kunt niet alleen voelen hoe uw hand op het tafelblad rust, maar ook hoe uw voeten in uw schoenen zitten. Toch lukt het u om geconcentreerd deze tekst te lezen.

Bij notuleren is het niet anders. U concentreert zich op de hoofdzaken van wat gezegd wordt, en u laat de rest links liggen.

Er is een makkelijke methode waarmee u de essenties van wat gezegd wordt, kunt achterhalen. Het zijn de WWWWWH-vragen (wie-wat-waar-wanneer-waarom-hoe). Hieronder ziet u wat er overblijft van een uitgeschreven fragment van een vergadering als u gebruikmaakt van de WWWWWH-vragen.

> 'Over het Pionierproject kan ik het volgende melden: we zitten op schema. Volgende week gaan we fase drie in. Budgettair zijn er wel wat problemen: op dit moment is er een overschrijding van 5%. Allemaal verklaarbaar overigens: de leverancier van betonnen platen heeft tussentijds zijn prijzen verhoogd en ik heb een week een uitzendkracht moeten inhuren omdat Fred ziek was. Volgende week zal ik een kostenoverzicht meenemen. Verder geen bijzonderheden.'

> Wat: *Pionierproject op schema*
> Wanneer: *Volgende week start fase 3*
> Wat: *Overschrijding budget 5%*
> Waarom: *Prijsverhoging betonnen platen en inhuren uitzendkracht*
> Wat: *Kostenoverzicht meenemen*
> Wanneer: *Volgende week*
> Wie: *Jan*

U ziet aan dit voorbeeld dat niet alle WWWWWH-vragen in dit fragment beantwoord zijn, en dat sommige vragen een paar keer beantwoord worden. Het is ook mogelijk dat u zelf andere vraagwoorden en antwoorden bedenkt. Het gaat erom dat u automatisch de relevante informatie in trefwoorden overhoudt als u deze vragen stelt. In hoofdstuk 4, Cases en oefeningen, staat een oefening waarmee u de WWWWWH-methode kunt uitproberen.

1.5 De plaats van de notulist

De vraag 'Kent u uw plaats als notulist?' kunt u op twee manieren opvatten. Fysiek, als in 'Waar zit u tijdens een vergadering?' en ook als: 'Weet u wat uw rol is?' Eerst krijgt u een antwoord op de tweede vraag vanuit het ZBMO-model, een bekend communicatiemodel. U zult zien dat dit model consequenties heeft voor de plek van de notulist in de vergadering.

Communiceren is het uitwisselen van informatie tussen een zender en een ontvanger. Zonder communicatie is er geen kennisoverdracht. Zonder communicatie worden er geen afspraken gemaakt. Zonder communicatie kan de organisatie niet voortbestaan. Notulisten leggen die informatie vast.

In het communicatieproces, hier weergegeven in het Z(ender)-B(oodschap)-M(edium)-O(ntvanger)-model is altijd sprake van een zender en een ontvanger.

ZBMO-model: de plaats van de notulist

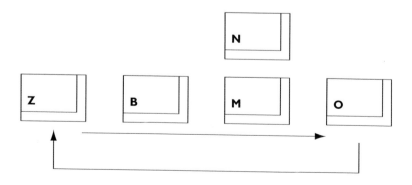

Klaar voor de start

Z heeft een boodschap voor O en kiest een medium om die boodschap te verpakken. Zo maakt u voor een bericht aan uw collega een keuze uit een telefoontje, een memo of een e-mail. O leest de boodschap en kan op haar beurt weer zender worden, als zij u een berichtje terugstuurt of iets terugzegt. Dat noemt dit model feedback. Het is handig als u meteen feedback krijgt (zoals dat gebeurt in een gesprek). U weet dan hoe uw boodschap valt en of die begrepen is.

Als u notuleert, bent u dan zender, ontvanger of medium? Niets van dat alles. In het ZBMO-model staat u boven de partijen. U schrijft op wat u hoort, maar het is niet uw eigen boodschap. Het is een boodschap van een andere zender, van de vergaderdeelnemers. U bent ook geen ontvanger van de boodschap, u helpt de zender om de boodschap bij de ontvanger(s) te krijgen. Uw rol is de boodschap van de zender schriftelijk vast te leggen in een medium, de notulen.

Als u alleen de rol van neutraal doorgeefluik aanneemt, bent u beter in staat uw objectiviteit te bewaren. Het is dus aan te bevelen dat u niet én notuleert én deelnemer bent, laat staan notulist én voorzitter. Dat is vragen om moeilijkheden. Bij deze rollen horen verschillende taken, en die zijn niet makkelijk te combineren.

Het antwoord op de vraag wat de beste plek is voor een notulist, volgt uit deze aparte plaats in het ZBMO-model. U gaat zo zitten dat u de voorzitter en de deelnemers goed kunt zien. U kunt direct links of rechts van de voorzitter gaan zitten, maar zorg er dan wel voor dat u oogcontact kunt houden. De voorzitter moet bijvoorbeeld op een blik of een klein gebaar van u kunnen reageren.

1.6 Rollen en taken

José is officemanager van een klein bouwadviesbureau en de enige vrouw in het bedrijf. In de praktijk betekent dat een combinatie van de taken van directiesecretaresse, telefoniste en receptioniste. Elke week notuleert ze de vergadering van de directeur met de adviseurs. De directeur wil de telefoon niet op het antwoordapparaat zetten tijdens de vergadering. Misschien is het wel dringend! En als de postbode aanbelt (klanten komen alleen op afspraak), of de koffie is op, dan kijken alle ogen naar José. Dat is toch haar taak ...?

In vergaderingen wordt onderhandeld, worden besluiten genomen en afspraken gemaakt. Het is uw taak een korte schriftelijke weergave te maken van wat tijdens deze bijeenkomsten wordt gezegd en afgesproken. Zelfs na een chaotisch verlopen vergadering verwachten de deelnemers een duidelijk geformuleerd verslag. Kortom: een goede notulist is goud waard. Dat wil niet zeggen dat ze automatisch de waardering krijgt die ze verdient: vaak realiseren leidinggevenden en vergaderdeelnemers zich niet welk toptalent ervoor zorgt dat de verslaglegging optimaal gebeurt, en wat ervoor nodig is om kwalitatief goede notulen te maken.

Soms wordt van de notulist verwacht dat zij tijdens het notuleren zorgt voor het opnemen van de telefoon(!), het maken van een kopie van een ter plekke ingeleverd stuk en/of het halen van nieuwe koffie en thee als de kannen leeg zijn. Dat is lastig te combineren met aandachtig luisteren, selecteren en aantekeningen maken. Als u, net als José, dit soort bezigheden erbij doet, wordt het tijd dat u een gesprek aangaat over verwachtingen en taken van de notulist, de voorzitter en de vergaderdeelnemers. Het schema op de volgende pagina helpt u daarbij.

In dit schema staan in de tweede kolom de taken van de voorzitter van een vergadering. Als het goed is vormt u samen een tandem, een duo dat op elkaar is ingespeeld. Samen zorgt u voor de basis van goede notulen: correcte en volledige aantekeningen.

De voorzitter doet dat door goed leiding te geven aan de vergadering. Zij vertelt bij elk agendapunt wat het doel is van het punt en wat het resultaat van de bespreking moet zijn. Verder mag van haar verwacht worden dat zij ter afronding van een agendapunt de besluiten en acties samenvat.

Klaar voor de start

De notulist	De voorzitter	De deelnemers
Heeft tijdens het vergaderen geen andere taak dan notuleren	Geeft leiding aan de vergadering door de agenda te bewaken en ervoor te zorgen dat deelnemers elkaar niet in de rede vallen	Praten niet door elkaar heen
Kan vragen om een vooroverleg met de voorzitter	Geeft aan het einde van ieder agendapunt een samenvatting van besluiten en actiepunten	Houden zich aan het onderwerp van een agendapunt
Beschikt over alle informatie die de deelnemers aan de vergadering ook krijgen	Wijst erop als bij de bespreking van een agendapunt iets besproken wordt dat buiten de agenda of de vergadering valt	Formuleren bondig en eenduidig
Zit op een plaats waar zij alle deelnemers goed kan zien en verstaan	Geeft tussen de agendapunten de notulist ruimte om aantekeningen te complementeren	Geven een samenvatting van hun belangrijkste argumenten en conclusie
Krijgt de medewerking van alle vergaderdeelnemers	Geeft het aan als er iets gezegd wordt dat niet bestemd is voor de notulen	
Mag tijdens de vergadering vragen om een toelichting of samenvatting	Staat toe dat de notulist vragen stelt	
Krijgt na de vergadering tijd en rust om de notulen uit te werken		

Tijdens de vergadering mag u altijd vragen om een toelichting of een samenvatting aan de deelnemers of de voorzitter. U bent immers verantwoordelijk voor de kwaliteit van de notulen. Zorg er dan ook voor dat u over de juiste informatie beschikt om ze te maken, ook al betekent dat dat u de vergadering moet onderbreken met een vraag om een verduidelijking of samenvatting.

Voorbereiding

Een ander belangrijk deel van uw rechten als notulist heeft betrekking op de voorbereiding op de vergadering. U hebt recht op voorinformatie. Deze voorinformatie bestaat uit meer dan de agenda en de vergaderstukken.
De ideale voorbereiding van de voorzitter met de notulist ziet er als volgt uit. Samen nemen ze de agenda door. Ze stemmen af waarom een bepaald punt op de agenda staat en wat het doel van de bespreking is. Eventuele stukken worden (globaal) doorgenomen. Wie van de aanwezigen zal welk agendapunt nader toelichten? Hoeveel tijd zal de vergadering in beslag nemen, per agendapunt en in totaal? Wat voor een soort agendapunt is het? Worden er besluiten genomen, zal er een discussie plaatsvinden of is het punt slechts ter informatie? Ligt een punt gevoelig bij een of meer deelnemer(s)?

Het spreekt voor zich dat zo'n vooroverleg niet altijd nodig is. Voor beginnende notulisten of notulisten die nieuw aan een vergadering zijn toegewezen, is het een goede manier om 'in' een vergadering te komen. Ook voor vergaderingen met een lage frequentie (per kwartaal, per half jaar) is een gezamenlijke voorbereiding een aanrader.

Maar niet alleen van de notulist en voorzitter worden voorbereidende activiteiten verlangd. Ook deelnemers moeten zich op de vergadering voorbereiden. Zij hebben de stukken doorgenomen en weten of ze erop willen reageren. Als ze spreken, is dat ter zake en houden ze het kort. Ze geven zelf een samenvatting van wat ze gezegd hebben.

? *Hoe ziet uw voorbereiding op een vergadering eruit? En hoe is uw samenwerking met de voorzitter en de overige vergaderdeelnemers? Maak eens een lijstje van de punten die voor verbetering vatbaar zijn en bespreek dat met de voorzitter en/of de vergaderdeelnemers.*

! *U durft uw wensen en eisen niet te bespreken met de deelnemers aan de vergadering? Lees dan de volgende paragraaf van dit boek: de assertieve notulist.*

1.7 De assertieve notulist

Stel, u hebt paragraaf 6 gelezen en u zou willen dat de rol- en taakverdeling in de vergaderingen waar u notuleert ook zo duidelijk was. Zo'n ideale voorzitter en zulke gedisciplineerde deelnemers maken van iedere notuleerklus een eitje. Maar ja, u hebt niet zo'n voorzitter en de deelnemers maken er een potje van, net als in de voorbeelden van Suzanne aan het begin van dit boek en José aan het begin van de vorige paragraaf.

Wat gaat u nu doen? Wachten tot de vergaderdeelnemers het licht zien? Dat kan nog wel even duren. U zult dus de stoute schoenen moeten aantrekken. U durft dat niet? Misschien helpt het om te bedenken dat als de informatie die u krijgt niet volledig, vaag of niet juist is, u onmogelijk een kwalitatief goed verslag kunt maken. Van een bedorven kip maakt zelfs de beste kok geen lekkere kippensoep. Als de notulen niet goed zijn, wordt u erop aangesproken. En dat is volkomen terecht, want u bent de maker van de notulen. U moet dus zorgen dat u de goede ingrediënten krijgt.

U durft dat nog steeds niet? Dat dacht u maar. U denkt alleen maar dat u dat niet durft. Stelt u zich Suzanne uit de inleiding van dit boek voor. Met klamme handen en een bonzend hart zit ze in de vergadering. Ze voelt zich gespannen en angstig. Wat denkt ze?

'Als ik zeg dat ik het niet kan volgen, vinden ze me vast dom.'
'Als ik vraag of de voorzitter dit agendapunt wil samenvatten, wordt hij misschien wel boos.'
'Het is onbeleefd om iemand van het managementteam in de rede te vallen'.
'Het is mijn taak om aantekeningen te maken en mijn mond te houden; niet om vragen te stellen.'

Dergelijke gedachten leveren niks op, behalve niet-assertief gedrag en slechte notulen. Wie objectief naar deze situatie kijkt, zou deze vragen kunnen stellen:

Wat levert het Suzanne op als ze de situatie zo laat? Wat levert het haar op als ze erin slaagt om iets te veranderen? Is het waar dat Suzanne dom gevonden wordt als ze een vraag stelt? En zo ja, wat dan nog? Haar notulen bewijzen straks het tegendeel.

Suzanne zou ook kunnen denken:
'Mijn mond houden als ik iets niet kan volgen, is pas écht dom.'
'Ik help de voorzitter bij de vergadering als ik vraag om een samenvatting.'
'Ik mag vragen stellen als dat betere notulen oplevert.'
'Ik wil graag goede notulen afleveren en dat wil het management ook.'
Deze gedachten helpen haar om zich assertiever op te stellen tijdens de vergadering. Ze is nu ook beter in staat om vragen te stellen als dat nodig is.

Professionele notulisten zijn assertieve notulisten. Zij leveren in korte tijd goede notulen af en doen dat ook nog met plezier. Ze dwingen respect af van collega's en leidinggevenden. Die vinden notulen maken vaak maar knap lastig.

? *Welke gedachten spelen door uw hoofd als u zich voor, tijdens of na een vergadering niet gemakkelijk voelt? Helpen deze gedachten u goede notulen te maken of juist niet? Wat zou u in plaats daarvan kunnen denken?*

2 De vergadering begint

2.1 Soorten notulen

Toen Mariska gevraagd werd het wekelijkse stafoverleg op de maandagochtend te notuleren, sprong ze geen gat in de lucht. Een uurtje vergaderen vond ze niet erg, en het leek haar leuk om op de hoogte te blijven van wat er speelde op de verschillende afdelingen, maar ze zag op tegen het uitwerken van de tekst ... Gewapend met een cassetterecorder betrad ze de vergadering, en ze werkte hard en lang aan een uitgebreid verslag met een bijna letterlijke weergave van wat gezegd werd. De week erop kreeg ze veel complimenten, maar ook de vraag of het niet wat korter kon. Een korte samenvatting per agendapunt met een actielijst was voldoende.

Er zijn notulen die letterlijk weergeven wat er gezegd is, en door wie. Verslagen van de vergaderingen van de Eerste en Tweede Kamer zijn daar een voorbeeld van. Medewerkers van de Dienst Verslag en Redactie hebben een dagtaak aan het woordelijk uitschrijven van wat er gezegd is. Ook verslagen van sommige rechtzaken zijn vaak een letterlijke weergave van wat gezegd is. Bij de meeste vergaderingen is een letterlijk verslag overbodig. Het verslag is bedoeld als een samenvatting. Dat kan een samenvatting van besluiten en acties zijn, of van een agendapunt, of van de bijdragen per deelnemer.

In dit boek staan drie soorten samenvattende notulen beschreven:
1 Actielijst en actie-/besluitenlijst
2 Beknopte notulen
3 Uitgebreide notulen.

2.2 Actielijst en actie-/besluitenlijst

Francien notuleert de wekelijkse vergadering van het managementteam. Haar voorgangster maakte hele uitgebreide notulen, waar de deelnemers aan de vergadering heel tevreden over waren. Francien ziet meer in een actie-/besluitenlijst. Het kost haar moeite om de voorzitter te overtuigen van het nut van zo'n lijst, maar ze mag het proberen. Bij de bespreking van het eerste verslag nieuwe stijl zijn niet alle deelnemers enthousiast. Zij moeten wennen aan de nieuwe, doorlopende nummering van vergaderingen en acties. Er komt een proefperiode met na twee maanden een evaluatie. En wat blijkt? Iedereen is eraan gewend en prijst de werkbaarheid van het verslag. Tegenwoordig is Francien zo klaar met het uitwerken van de notulen en de deelnemers zijn weinig tijd kwijt aan het lezen ervan.

U kiest voor een actielijst of een actie-/besluitenlijst wanneer uitsluitend het resultaat van een vergadering belangrijk is. De lezers van het verslag willen niet weten *wie wat* gezegd heeft, maar alleen *wat er besloten is* en/of *wat er gebeuren moet*. Deze soort notulen is geschikt voor vergaderingen die relatief kort duren, en een hoge frequentie hebben. Denk bijvoorbeeld aan een wekelijks team- of afdelingsoverleg.

Een kenmerk van deze notulen is dat u ze in telegramstijl uit mag schrijven, en in kolommen. De aantekeningen voor deze verslagvorm wijken dus nauwelijks af van de uitgewerkte versie. Dat maakt deze notulensoort ook heel geschikt voor notuleren op de laptop. Tips voor het notuleren met een computer staan in paragraaf 2.7.

Actielijst

De actielijst wordt soms gebruikt als aanvulling op beknopte of uitgebreide notulen. De lijst is dan bedoeld als een 'boodschappenlijstje' voor de vergaderdeelnemers. Zij kunnen dan snel opzoeken wat ze moeten doen zonder dat ze het hele verslag (opnieuw) hoeven te lezen. Een voorbeeld van een actielijst vindt u bovenaan de volgende pagina.

Wanneer u in de eerste kolom (**datum**) de datum van de vergadering opneemt, is altijd meteen duidelijk *wanneer* iets is afgesproken.

De vergadering begint 25

Datum	Agendapunt	Wat	Wie	Wanneer
03-03-11	2 Opleidingen	Inventarisatie opleidingswensen inleveren bij PZ	Afdelingshoofden	07-05-2011
03-03-11	3 Budgetten	Totaaloverzicht maken	SW	25-05-2011

Uitgevoerde acties verdwijnen van de lijst, lopende acties blijven staan. Zo hebben vergaderdeelnemers direct een overzicht van (lang)lopende zaken. Bijlage 2 bevat meer voorbeelden van actielijsten.

Actie-/besluitenlijst

Als ook de besluiten in de lijst terug te vinden zijn, is het een actie-/besluitenlijst. Zo'n lijst geeft aan *welk besluit wanneer* genomen is en *door wie het wanneer uitgevoerd wordt*. Deze lijst heeft een extra kolom. Een actie-/besluitenlijst kan er zo uitzien:

Kenmerk	Besluit	Actie	Wie	Gereed
4/06/11.28	Training voor JdH	Offertes opvragen training assertiviteit	PT	17-05-11
4/06/11.29	Inventarisatie incidenten 2010-2011	Kort rapport maken	JK	31-05-11

U ziet in de rubriek **kenmerk** een doorlopende nummering van agendapunten en acties. 04/06/11.28 betekent dat het de 28^e actie van dit jaar betreft, en dat die actie hoort bij agendapunt 4 van de zesde vergadering in 2011.

Let op: het toevoegen van een actie-/**besluiten**lijst aan een ander verslag (de boodschappenlijst uit het begin van deze paragraaf) is minder zinvol. De besluiten komen waarschijnlijk ook al terug in de verslagen zelf.

Bij case 2, buurtfeest Bloemenwijk in hoofdstuk 4 van dit boek, hoort een oefening om aantekeningen voor een actie-/besluitenlijst maken. Het bijbehorende geluidsfragment staat op de cd.

> **!** *Experimenteer – na overleg met de vergaderdeelnemers! – eens met een actie-/besluitenlijst in plaats van beknopte of uitgebreide notulen. Deze vorm van notuleren bespaart heel veel tijd bij het maken, lezen en bespreken van het verslag. Dat moet u en de vergaderdeelnemers toch aanspreken ...*

2.3 Beknopte notulen

Beknopte notulen zijn notulen op hoofdlijnen, maar ze zijn wel zo specifiek dat niet-aanwezigen kunnen begrijpen wat voorafging aan een besluit of actie. Ze zijn dus completer dan een actie-/besluitenlijst, maar beknopter dan uitgebreide notulen. Het is verreweg de meest gebruikte vorm van verslaglegging. Beknopte notulen worden vaak gebruikt bij vergaderingen van directies, management- en projectteams en commissies. Vaak hebben deze een lage frequentie: één- of tweewekelijks.

Beknopte notulen bevatten hele zinnen. Die zijn bij voorkeur kort en krachtig. Telegramstijl is niet toegestaan. Vergelijk:

Hele zinnen	Telegramstijl
4 Redactiestatuut	4 Redactiestatuut
De afdeling Communicatie heeft door tijdgebrek geen voorbeeld van een redactiestatuut opgezocht. De suggestie is om de redactie van de nieuwsbrief *Drieluik* een voorbeeld te vragen.	Geen voorbeeld. Tijdgebrek afdeling Communicatie. Redactie *Drieluik* vragen?

Relevant is wat er gezegd is en niet wie dat zei. In het verslag lezen de deelnemers een samenvatting per agendapunt, niet een samenvatting van de bijdrage per spreker. Wel staat in het verslag vermeld *wat de besluiten zijn* en *wie welke activiteit* gaat uitvoeren. U doet er goed aan de acties er bij de vormgeving uit te laten springen. Een voorbeeld van uitgewerkte beknopte notulen vindt u op de volgende pagina.

De vergadering begint   27

> **3 Bedrijfsvakantie**
> Vorig jaar is voor het eerst een bedrijfsvakantie vastgesteld. De evaluaties van relaties en medewerkers zijn positief.
> De vergadering besluit dat de bedrijfsvakantie voor 2011 start op 1 augustus en eindigt op 19 augustus. Het bedrijf zal gedurende die drie weken gesloten zijn.
> **Actie:** JdB maakt een mailing voor klanten voor 16 juni.
>
> **4 ATV**
> De collectieve vrije dagen voor 2011 zijn nog niet vastgesteld. De afdeling Planning en het secretariaat hebben gevraagd om een lijst. De directie wijst in overleg met de OR vijf dagen als collectieve vrije dag aan.
> **Actie:** MT/OR stellen data vast tijdens de volgende OR-vergadering op 16 april.

Opbouw agendapunten

De opbouw van de agendapunten in dit voorbeeld ziet er als volgt uit: een korte samenvatting van de inleiding, gevolgd door het besluit, gevolgd door actie(s), actienemers en termijn. U zult merken dat dit in goed geleide vergaderingen een vast patroon is. Eerst leidt een spreker een agendapunt in (meestal is dat de voorzitter). Na enige tijd volgt er een besluit. Het besluit kan gevolgd worden door een of meer acties.

Een goede voorzitter geeft aan het eind van een agendapunt een samenvatting van besluiten en acties. Zo hebt u de gelegenheid om te controleren of uw aantekeningen compleet zijn.

Het is handig als u de indeling inleiding-besluit-acties in gedachten houdt, als u luistert naar wat vergaderdeelnemers zeggen. Op die manier houdt u overzicht, en brengt u structuur aan in wat er gezegd wordt. Als u aantekeningen maakt met behulp van notuleerpapier, dan maakt u gebruik van hetzelfde ordeningsprincipe. Meer over het gebruik van notuleerpapier leest u in paragraaf 2.5.

Als u in de uitgewerkte notulen duidelijk onderscheid wilt maken tussen de inleidende zinnen en de besluiten, dan kunt dat doen door het woord Besluit of Besluiten op te nemen in de notulen. Kijk maar.

8 Indeling kantoor Verkoop
Op 28/6 kan de afdeling Verkoop de nieuwe ruimte betrekken. Nog niet alle meubels zijn gearriveerd, en er moeten nog wat tafels bijkomen. Niet bekend is of de afdeling prijs stelt op schermen tussen de geschakelde bureaus.
Besluiten:
- Leverancier meubels benaderen
- Vier tafels bijbestellen
- Inventarisatie wenselijkheid schermen.

Acties: Alle acties door PdK voor 29/5.

Bij case 3, directieoverleg Octavius College in hoofdstuk 4 van dit boek, hoort een oefening om beknopte notulen te maken. Het geluidsfragment staat op de cd.

2.4 Uitgebreide notulen

Hans notuleert het maandelijkse overleg tussen drie jeugdzorginstanties. Deze maken deel uit van één hulpverleningsketen, maar ze zijn ook elkaars concurrent. Dat is in het overleg vaak goed te merken, vooral als het om agendapunten met financiële consequenties gaat. De deelnemers van de drie partijen zijn beleidsmedewerkers en hulpverleners. Het verslag gaat niet alleen naar hen, maar ook naar de directies van de drie instellingen. De deelnemers vinden het belangrijk dat hun directies weten wat zij in het overleg hebben ingebracht. Op advies van Hans kiest de vergadering voor uitgebreide notulen.

Uitgebreide notulen zijn een uitvoerige samenvatting van de vergadering. Ze bevatten:
- Alle relevante informatie per agendapunt (*wie zei wat*)
- Conclusies, besluiten en acties.

U maakt uitgebreide notulen als vergaderdeelnemers of hun achterban willen weten *wie wat* heeft gezegd en *op welke gronden* een besluit werd genomen. Deze verslagvorm past u vooral toe als partijen met uiteenlopende belangen aan de vergadering deelnemen, en/of wanneer vergaderdeelnemers er prijs op stellen

De vergadering begint

dat in het verslag zichtbaar is wat hun bijdrage geweest is. Een voorbeeld.

> **3 Evaluatie PoBo**
> De voorzitter vat de verbeterpunten samen uit het evaluatieverslag van PoBo. De registratie van de aanmeldingen was niet foutloos en de facturatie kan sneller.
> De heer Snelders merkt op dat het programma dat de aanmeldingen verwerkt niet voldoet.
> Mevrouw Zaaijer meldt dat de procedures voor facturatie zijn aangescherpt.
> **Actie:** De heer Snelders maakt een memo voor de afdeling Systeembeheer met de klachten over de software. Dit punt komt terug op de agenda.
>
> **4 Verslag deelname congres Strategiebepaling**
> Mevrouw Ten Cate deelt mee dat het congres een succes was. Het leverde inhoudelijk alle gewenste informatie op en het was een ideale gelegenheid om vakgenoten te ontmoeten en contacten te leggen.
> De heer Kuipers zegt dat de directie een schriftelijk verslag van het congres op prijs stelt.
> **Actie:** Mevrouw Ten Cate zendt het verslag komende week aan de managementassistente.

Als u dit voorbeeld leest, ziet u dat het hier nog steeds om een samenvatting gaat. Van elke spreker is de kern van het betoog weergegeven: het gaat niet om een letterlijke weergave.

De valkuil van deze vorm van verslaglegging is, dat u woordelijk mee gaat schrijven. Maar luisteren, selecteren en schrijven gaan nu eenmaal moeilijk samen. Laat uw pen dus rusten en schrijf ook nu pas uw aantekeningen in trefwoorden op, als u de essentie van wat de spreker zegt te pakken heeft. Bij lange bijdragen mag u de spreker vragen om een samenvatting, of u kunt de voorzitter vragen dat te doen.

Deze vorm van samenvattende verslaglegging maakt al duidelijk dat u in plaats van de directe rede, beter de indirecte rede kunt gebruiken.

Indirecte rede
De heer Kuipers zegt dat de directie een schriftelijk verslag op prijs stelt.
Directe rede
De heer Jansen: 'Ik stel een schriftelijk verslag op prijs.'

Soms ontkomt u er niet aan om een spreker letterlijk te citeren. Doe dit slechts op aangeven van de voorzitter of de spreker. Dan moet u dus wél woordelijk meeschrijven. Het is niet meer dan redelijk dat u dan de tijd krijgt om het citaat netjes en volledig op papier te krijgen. En natuurlijk kunt u de spreker vragen of zij haar woorden wil herhalen!

Bij de weergave van uitgebreide notulen zult u vaker chronologisch te werk gaan, dan bij beknopte notulen of actielijsten. Een chronologische weergave wil zeggen dat de volgorde waarin iets gezegd is, zichtbaar is. In het voorbeeld in deze paragraaf sprak bij agendapunt 3, evaluatie PoBo, eerst de voorzitter, daarna de heer Snelders en als laatste mevrouw Zaaijer.

U kunt in plaats van 'de heer' of 'mevrouw' ook voornamen gebruiken. Dan gaat het waarschijnlijk om een verslag van een vergadering in informele sfeer dat alleen voor de deelnemers zelf is bestemd. Bij vergaderingen met een formeler karakter kiest u voor 'de heer' of 'mevrouw'. U doet dat laatste altijd als het verslag ook naar externe partijen gaat. Een alternatief is dat in plaats van namen van personen de namen van de organisaties of afdelingen gebruikt. Een voorbeeld:

---

2 Kerstkaart
De directeur stelt voor dit jaar geen kerstkaarten te verzenden. In plaats daarvan wil hij een bijdrage geven aan een goed doel, bij voorkeur Unicef. De afdeling Beleid is het daar niet mee eens. Zij vindt een kerstkaart een onmisbaar instrument voor haar relatiebeheer. Bovendien vraagt zij zich af wat de relaties zullen denken als er dit jaar geen kerstboodschap is.
De afdeling Communicatie stelt voor om de kerstwens in het decembernummer van de nieuwsbrief op te nemen. Zij zal dan in een artikel uitleggen dat relaties geen kerstkaart krijgen, maar dat er een bijdrage naar Unicef gaat.
Allen stemmen in met het voorstel van de afdeling Communicatie.

De vergadering begint

Bij case 4 van dit boek, redactievergadering *Drieluik*, hoort een oefening om uitgebreide notulen te maken. De instructie staat in hoofdstuk 4, het vergaderfragment staat op de cd.

? *Hebt u al eens nagedacht over de verschillende soorten notulen die u maakt? Welke notulen zijn nodig voor de vergadering(en) waarvan u het verslag maakt? Misschien notuleert u wel te uitgebreid, of juist te summier. Een hulpmiddel is het vergaderoverzicht in bijlage 1.*

2.5 Aantekeningen maken op notuleerpapier

Hoe bereidt u zich voor op het maken van aantekeningen? Deelt u het papier van tevoren in? Of hebt u eerst aantekeningen gemaakt, en daarna pas een lay-out ontworpen voor de notulen? Als u minder tijd wilt besteden aan het uitwerken van uw notulen, en/of wanneer u meer overzicht wilt hebben bij het maken en lezen van uw aantekeningen, doe dan uw voordeel met deze paragraaf.

Hoe u uw aantekeningen op papier zet, is belangrijk voor een efficiënte uitwerking van de notulen. Bij de toelichting op de actielijst in paragraaf 2.2. is opgemerkt dat uw aantekeningen bijna niet verschillen van de uitwerking. Dat scheelt heel veel tijd.

Ook bij de uitwerking van beknopte en uitgebreide notulen valt veel tijd te verdienen als u uw aantekeningen overzichtelijk indeelt. Het gebruik van notuleerpapier kan u hierbij helpen. U dwingt uzelf zo volgens een bepaalde structuur te werken. Er zijn verschillende indelingen voor notuleerpapier. Bijlage 3 bevat een aantal uitgewerkte voorbeelden.

U kunt tijdens een vergadering van de ene op de andere indeling overstappen, bijvoorbeeld als de bespreking van een agendapunt ontaardt in een felle discussie voor-tegen. Op de volgende pagina ziet u voorbeelden van aantekeningen in een vierkolommensysteem en in een zogenaamde pro-contra indeling.

Aantekeningen voor uitgebreide notulen volgens het vierkolommensysteem:

Agendapunt/spreker	Essentie	Wie	Wanneer
3 uitzendkracht GS	Budgetbeheersing maakt bezuinigen noodz. Vanaf nu geen uitzendkr. meer		
OJ	Niet onmogelijk maken, wel voorw. opstellen PZ voorstel maken Voorst. bespreken in verg. zodra gereed	OJ vraagt voorstel aan bij PZ	Week 9 vragen > week 12 voorstel opn. op agenda
4 urenlijst EB	Urenlijsten afd. CDT altijd te laat ingelev. Afdhfd. aanspreken	DM spreekt BdJ aan	Week 9

Aantekeningen voor beknopte notulen volgens een pro-contra indeling:

Aanschaf nieuwe kopieermachine	
Argumenten voor	Argumenten tegen
Huidige machine te traag	Huidige machine recent aangeschaft
Huidige machine onvold. mogelijkh.	Budget dit jaar overschreden
Oude machine kan naar dependance	Grote partijen makkelijk en goedkoop naar copyshop

Twee aanwijzingen nog:
- Als u notuleerpapier gebruikt, houdt u zich dan strikt aan de indeling op het papier. Als u dat niet doet, hebt u niets aan deze systematiek.
- Zet de aantekeningen in chronologische volgorde op papier. Dat wil zeggen dat u witregels gebruikt om een volgorde in tijd aan te geven. U laat de aantekeningen als het ware 'zakken' terwijl u schrijft. U kunt dit zien in het eerste voorbeeld in deze paragraaf. Het besluit in de derde kolom (voorstel vragen) en de bijbehorende

De vergadering begint

data in de vierde kolom volgen op de regels in de tweede kolom. Doet u dat niet, dat gaan de aantekeningen voor de verschillende agendapunten of onderdelen ervan door elkaar lopen.

2.6 Ontwerp uw eigen afkortingensysteem

Hndhk., hout, br. m. gr. luiken, in z.g. st., p.n.o.t.k.
Begrijpt u deze advertentietekst? Als u interesse hebt in een houten hondenhok, bruin met groene luiken en in zeer goede staat, dan kunt u reageren. Over de prijs wordt u het wel eens met de huidige eigenaresse ...

Door afkortingen te gebruiken, kunt u nog efficiënter aantekeningen maken. Die afkortingen komen niet uit een van tevoren opgestelde lijst, maar u verzint ze ter plekke. U kunt dit systeem aanvullen met pijlen. Een pijl vormt een verbinding tussen oorzaak en gevolg of duidt een conclusie aan. Een voorbeeld.

Een voorzitter zegt over het agendapunt *variabele werktijden*:
'Mijn verwachting na de invoering van de variabele werktijden was, dat iedereen zijn of haar eigen verantwoordelijkheid zou nemen. Dat is volgens mij niet zo: ik maak me sterk dat alle medewerkers de contractueel vastgestelde 38 uur maken.'

De notulist noteert:
Inv. var. werkt.: nmt. ieder verantw? Vermoed = -38 contr. u. pw.

Een van de aanwezigen zegt:
'Ik vind deze opmerking niet terecht. U begint 's morgens op de tot nu toe gebruikelijke tijden, en een aantal van ons later, maar dat betekent niet dat wij niet onze 38 uur per week werken. Immers, als u weggaat, zijn wij er nog en u kunt dus niet weten hoe laat wij vertrekken. Ik stel voor een prikklok in te voeren, als tenminste iedereen akkoord gaat.'

De notulist schrijft op:
Terecht? medw. later komen → dir. later weg. vstel: prikklok.

U kunt naast pijlen ook symbolen gebruiken als:
A > B   A is groter dan B, A is nog stelliger dan B
A <> B   A en B zijn het oneens
A = B   A en B zijn het eens
≠   is niet gelijk aan, wordt niet gehaald
!   is het zeer oneens met
→   steekt zijn licht op bij, informeert

Gebruik symbolen die voor u betekenis hebben; niemand anders hoeft ze te begrijpen. Als u volgens dit systeem gaat werken, is het wel noodzakelijk dat u na de vergadering even rustig gaat zitten om uw aantekeningen nog eens rustig door te lezen en waar nodig aan te vullen. U gebruikt hiervoor wat in dit boek 'de gouden tien minuten' heet. Een uitleg leest u in paragraaf 3.1.

Het mag ook duidelijk zijn dat het werken met afkortingen minder goed werkt als u gewend bent uw aantekeningen een paar dagen te laten liggen: de kans is groot dat u dan niet meer weet wat er gezegd is. De meeste mensen kunnen zich binnen 24 uur nog 90% van wat gezegd is goed herinneren, na 24 uur is dat 70% en na drie dagen nog maar 40%. Ook als u geen afkortingen en symbolen gebruikt, hebt u er dus baat bij om zo snel mogelijk te beginnen met het uitwerken van uw notulen.

! *Oefening baart kunst! Het werken met afkortingen en symbolen op notuleerpapier, gecombineerd met 'de gouden 10 minuten' is een van de beste manieren om met minder schrijfkramp tot volledige en beter gestructureerde notulen te komen. Als u wilt oefenen, kijk dan eens naar een tv-programma (De Wereld Draait Door, Pauw & Witteman) en schrijf een stukje mee. Wedden dat het snel went?*

2.7 Notuleren op de laptop

Saskia kan goed met de programma's Word en Excel uit de voeten; ze gebruikt ze bijna de hele dag. Ze heeft beslist geen hekel aan notuleren, maar wel aan het schrijfwerk dat eraan te pas komt. Pas als ze haar

De vergadering begint 35

aantekeningen gaat uitwerken, is ze weer in haar element. Dan bewegen haar vingers razendsnel over het toetsenbord. Wat zou het fijn zijn als ze ook haar aantekeningen op de laptop zou kunnen maken!

Een waarschuwing is op zijn plaats. Notuleren op de pc is alleen weggelegd voor ervaren notulisten die goed overweg kunnen met een tekstverwerkingsprogramma en/of Excel. Anders vraagt u om moeilijkheden. Dat het handig is om de basis van notuleren en pc-gebruik in de (schrijf)vingers te hebben, voor u zich aan een digitaal avontuur waagt, spreekt voor zich. Alle aandacht die u nodig hebt voor de bediening van uw laptop gaat ten koste van het luisteren. Een andere valkuil is dat snelle typistes geneigd zijn hele zinnen over te nemen, terwijl dat voor actielijsten en beknopte notulen helemaal niet nodig is. Alleen bij uitgebreide notulen zou dit een pre kunnen zijn.

Notuleren op de laptop kan dus heel goed. Maar hoe? Het is handig om vooraf stramienen aan te maken in Word en Excel volgens de aanwijzingen voor notuleerpapier in bijlage 3 van dit boek. Tijdens de vergadering zorgt u ervoor dat u een aantal van deze stramienen naast elkaar kunt gebruiken. U kunt zo snel schakelen tussen de verschillende werkbladen, bijvoorbeeld van een actielijst terug naar een vierkolommenblad of naar een werkblad voor een pro-contradiscussie. Sla de ingetypte tekst regelmatig op en zorg dat u bij het heen en weer schakelen geen aantekeningen overschrijft. Het goed en overzichtelijk nummeren van documenten is noodzakelijk. Bijvoorbeeld:
- MT03-4km1
- MT03-4km2
- MT03-actl.

In dit voorbeeld zijn er vier documenten van MT-vergadering nummer drie. Twee werkbladen zijn in het vierkolommensysteem weergegeven en bevatten de gewone aantekeningen, er is een werkblad met aantekeningen pro-contra en er is een actielijst. De werkbladen met de aantekeningen in het vierkolommensysteem verwerkt u in de volgorde 1-2.

In paragraaf 2.6 hebt u kunnen lezen hoe u aantekeningen kunt maken met pijlen en symbolen. Dat gaat op de pc soms minder snel, omdat niet alle symbolen op het toetsenbord staan. U moet symbolen dan gaan invoegen. Sneltoetsen zijn een oplossing voor dat probleem. Het gebruik van 'oude' notulen kan handig zijn voor vaste vergaderpunten (een uitleg over vaste en variabele vergaderpunten staat in paragraaf 3.4). U maakt voor deze punten een apart tekstdocument aan. Zodra u bij het eerste variabele agendapunt komt, schakelt u over op een leesstramien naar keuze.

Sneltoetstips

Deze toetstips komen u van pas bij het werken met de laptop.
- Zet een leeg! verslagstramien in kolommen klaar in Word of Excel. Zie bijlage 3 voor voorbeelden.
- In een tabel springt u met de pijltjes- of tabtoets snel van kolom naar kolom.
- Een tab in het laatste blok van een onderste kolom in Word genereert een nieuwe horizontale kolom eronder.
- Laat al uw werkdocumenten 'open' staan. Met de toetscombinatie Alt+Tab of met de muis (linksonderaan uw scherm) wisselt u snel van document.
- Sla afkortingen die u veel gebruikt op in de autocorrectie van uw tekstverwerker. Vz wordt zo automatisch voorzitter, bgov budgetoverschrijding.
- Sneltoetsen zijn makkelijk voor symbolen die deel uitmaken van uw minigrammensysteem.
- Onmisbaar: Ctrl+S voor save. Regelmatig opslaan voorkomt problemen. Geef aantekeningen, concepten en de definitieve versie andere, logische namen.

! *Neem altijd pen en papier mee! Handig bij technische mankementen of stroomuitval. En vertrouw niet op de batterij van uw laptop, maar zorg voor een (verleng)snoer.*

3 En nu het verslag ...

3.1 Uitwerken in stappen

Patricia werkt op maandag, dinsdag en donderdag. Op donderdagmiddag van drie tot vijf notuleert ze de vergadering van de afdeling Beleid van de welzijnsorganisatie waar ze werkt. Maandagochtend besteedt ze haar tijd aan het lezen en verdelen van de post en aan het notuleren van de vergadering van het managementteam. Soms lukt het haar om op maandagmiddag met het uitwerken van beide vergaderingen te beginnen, maar meestal is het dinsdag. De notulen van de afdeling Beleid vallen haar dan zwaar. Er zijn dan al vier dagen overheen gegaan en soms gaat het om onderwerpen die ook in de stafvergadering op maandag behandeld zijn. Ze weet dan bijna niet meer wat in welke vergadering gezegd is. Lastig!

Als u parttimer bent, zult u zich misschien in het verhaal van Patricia herkennen. U hebt veel te doen in weinig tijd en bij het plannen van de vergaderingen wordt met uw rooster niet altijd rekening gehouden.

U kunt notulen in twee stappen uitwerken. Het is belangrijk dat u de eerste stap *direct na* de vergadering zet. Dat geldt voor part- en fulltimers! Deze stappen zijn:

Stap 1 Direct na de vergadering: de gouden tien minuten
Aantekeningen doorlezen/bewerken:
- Zet afkortingen waar nodig om in hele woorden
- Vul aantekeningen waar nodig aan
- Streep aantekeningen waar nodig weg
- Breng structuuraanwijzingen aan
- Besluiten/acties/actienemers/data duidelijk?

Stap 2 Binnen twee dagen na de vergadering
Tekst uitschrijven:
- Maak de kopgegevens
- Kies de soort notulen die bij de vergadering hoort

Tekst nalezen:
- Houd de aantekeningen ernaast
- Controleer de formulering op beknoptheid, exactheid en eenduidigheid

Laatste check:
- Controleer de vormgeving en let op correct gebruik van kopjes (corresponderen met agendapunten), tekens en witregels.

De gouden tien minuten

Stap 1 is verreweg de belangrijkste. Niet voor niets kreeg deze fase de naam 'de gouden tien minuten' mee. Het is de fase direct na de vergadering waarin u uw aantekeningen bekijkt en redigeert. Nu kunt u, met de vergadering nog vers in het geheugen, aanvullen, wegstrepen en structuur aanbrengen waar dat nodig is.

Dat 'structuur aanbrengen in de notulen' is heel letterlijk bedoeld. Natuurlijk is de volgorde van de agendapunten leidend. Binnen die agendapunten geeft u nu de acties en besluiten aan. Die kunt u in stap 2 dan heel gemakkelijk terugvinden.

Met cijfers, letters en pijlen kunt u uw bouwplan voor de definitieve tekst complementeren. Hieronder ziet u een voorbeeld van aantekeningen voor beknopte notulen.

Onderwerp	Discussie	Resultaat
Punt 6, Vacatures	Invent. vacatures. Bezuinig. noodzkl, welke vac. nu invullen, wlke niet/later?	
	Afd. Verkoop: vac. binnendienst. Soll. lopen, aanstell. Verwacht per 1-5-05 ~~Last van onderbez. recept > tel. te lang in de wacht~~	

En nu het verslag ... 39

Onderwerp	Discussie	Resultaat
	Productie: I vervanging < langd. ziek, wordt opgev. huid. bezet., incident. overwrk.	Eind elke mnd overzicht overuren naar P&O → JDB
	Administratie: receptie onderbezet. Klachten andere afd. Reglm. beproken in MT, nu wat gebeuren, ~~kan zo niet~~! Uitz.bureau kan leveren = duur, alleen opl. kort term. vst. advertentie zetten	Uitzenkr. regelen halve dagen → TZ morgen opdr. geven Advertentie via P&O → TZ. TZ levrt. gegev. P&O. Adv. vlgd. week zat. in Telegraaf P&O doet selectie met KS
	Productie: als mdw. ziek blijft, wel verv. gewenst	Punt komt volg. mnd. terug op agenda

Hoe leest u deze aantekeningen? De notulist gebruikte het driekolommensysteem. Zij heeft gewerkt met het afkortingensysteem uit paragraaf 2.6. De eerste kolom bevat het agendapunt. In de tweede kolom staat waarover gesproken is, maar niet door wie. Dat is bij beknopte notulen immers niet nodig. In de derde kolom staan de besluiten, de acties, de actienemers en de termijnen. Er zijn bij dit ene agendapunt maar liefst vijf besluiten en vijf acties.

De *besluiten* zijn dat:
- Er elke maand een overzicht van de overuren van Productie naar P&O gaat
- Er voorlopig een uitzendkracht voor halve dagen komt op de receptie
- Er volgende week zaterdag een advertentie in de Telegraaf komt
- P&O en KS de selectieprocedure verzorgen
- Het punt van vervanging voor de langdurig zieke op de afdeling Productie volgende maand terugkomt op de agenda.

De *acties/actienemers/termijnen* zijn:
- JDB zorgt ervoor dat het overzicht met overuren aan het einde van elke maand bij P&O komt
- TZ gaat morgen opdracht geven aan het uitzendbureau
- TZ geeft P&O de opdracht voor het plaatsen van de advertentie
- TZ levert P&O de gegevens aan die nodig zijn voor de advertentie
- P&O voert de selectieprocedure uit samen met KS.

Bij de laatste twee acties staat geen termijn genoemd. TZ zal dus snel moeten zijn (diezelfde middag? de volgende ochtend?) als de advertentie de volgende week in de krant moet komen. Tegen de tijd dat de notulen uitgewerkt en verspreid zijn, is de advertentie al bijna geplaatst. Ook voor de uitvoering van de selectieprocedure is geen datum genoemd. Logisch is dat de procedure volgt ná de plaatsing van de advertentie. De notulist kan invullen: *na plaatsing advertentie* of de datumvermelding achterwege laten.

Misschien vindt u dat er nog een zesde actie is: het plaatsen van het punt 'vervanging' op de agenda van de vergadering van volgende maand. U vult dan bij actienemer de naam in van degene die de agenda maakt. In sommige organisaties is dat de notulist, in andere organisaties de voorzitter of nog iemand anders. Zie paragraaf 3.4 van dit hoofdstuk. Daar staat beschreven hoe u een agenda maakt.

Nog een opmerking: u ziet dat de notulist de aantekeningen chronologisch heeft opgeschreven. De aantekeningen zakken als het ware naar beneden op het papier naarmate de vergadering vordert. Dat is heel belangrijk! In paragraaf 2.5 staat de uitleg en nog een voorbeeld van deze manier van aantekeningen maken.

! *Als het u het moeilijk vindt om op uw werkplek tijd te maken voor de gouden tien minuten, omdat de telefoon daar rinkelt en/of uw e-mail op u wacht, blijf dan nog even zitten in de vergaderruimte. U kunt daar ongestoord aan het werk, nog helemaal in de sfeer van de vergadering.*

3.2 Indeling en opmaak van notulen

Het komt voor: notulisten die hun notulen besluiten met 'Met vriendelijke groet', gevolgd door hun naam. Dat is wel heel vriendelijk, maar niet gebruikelijk en ook overbodig. De naam van de notulist staat al in de kopgegevens van de notulen.

En nu het verslag ...   41

Notulen onderscheiden zich van brieven, e-mails en memo's door een geheel eigen vormgeving. De indeling en lay-out moeten voldoen aan bepaalde eisen.

Wat opvalt aan notulen zijn:
- De kopgegevens
- Een duidelijke onderverdeling in agendapunten
- De opsomming van besluiten en acties, soms opgenomen in een aparte lijst
- En, afhankelijk van de huisstijl, ruime marges en gebruik van witregels.

Kopgegevens

De kopgegevens laten zien *wie wanneer* vergaderd heeft, en vaak ook *waar*. Dat zijn de basisgegevens. Als de notulen behalve aan de deelnemers ook aan derden verspreid worden, dan is dit ook zichtbaar in de kopgegevens, meestal in de vorm van een c.c. De kopgegevens zijn duidelijk afgescheiden van de rest van de tekst. Waarschijnlijk heeft uw organisatie een stramien voor notulen, waarin de huisstijlregels verwerkt zijn. U ziet hier een voorbeeld van uitgewerkte kopgegevens.

Notulen van de vergadering van het managementteam op 06-04-2011 te Didam

Aanwezig:	Jan de Boer, Edith Feitsma, Karel Glas, Saskia Noorderligt, Petra Pakstra, John Raadman
Afwezig:	Marion den Oude, Gerrit Paalvast
C.c.:	Theo ten Cate, Jozef Ouddijk
Voorzitter:	Jan de Boer
Notulist:	Saskia Noorderligt

Wat opvalt, is dat de namen van de vergaderdeelnemers op alfabetische volgorde zijn opgenomen. Zo kan de lezer snel opzoeken of een deelnemer wel of niet bij de vergadering aanwezig was. Dat is vooral handig bij een groot aantal deelnemers.
De voorzitter en de notulist worden apart benoemd. Dat kan ook anders:

Aanwezig: Jan de Boer (voorzitter), Edith Feitsma, Karel Glas,
Saskia Noorderligt (notulist), Petra Pakstra,
John Raadman

Het kan handig zijn om de agenda op te nemen in de notulen. In dat geval kunt u die boven of onder de kopgegevens plaatsen.

! *Als u een grote vergadering notuleert, of u kent een aantal deelnemers niet bij naam, werk dan met een (alfabetische) presentielijst. Naambordjes zijn in dat geval ook erg handig.*

Opmaak overig

De opmaak van notulen is rustig, ruim en zakelijk. U maakt spaarzaam gebruik van onderstrepingen, vet en cursiveringen, en alleen daar waar het functioneel is. Gebruik voldoende wit en zorg voor ruime marges. Dat ziet er netjes uit, leest prettig en vergaderdeelnemers kunnen, als zij dat willen, bij een volgende vergadering aantekeningen maken in de kantlijn.

Plaats een of twee witregels tussen de agendapunten. Als u ervoor kiest besluiten en acties apart te vermelden, begin deze dan op een nieuwe regel. U ziet een voorbeeld.

---

2 Opleidingsbudget 2011
Uit de aanvragen van de verschillende sectoren blijkt dat het opleidingsbudget voor 2011 ruim overschreden wordt. Niet duidelijk is wat de oorzaak is.
Besluit: Aanvragen vergelijken met die van 2010 en 2009.
Actie: JvK maakt een vergelijkend overzicht voor de volgende vergadering.

In dit voorbeeld is het besluit dat de opleidingsaanvragen voor 2011 vergeleken moeten worden met de aanvragen voor 2010 en 2009. Daarna volgt een actie. Het is JvK die de taak krijgt om een overzicht te maken.

Soms lijkt het lastig om besluiten en acties apart te benoemen. Een paar tips:
- Een besluit herkent u aan een wat-vraag, bij een actie hoort een wie-vraag. Bijvoorbeeld in:

En nu het verslag ... 43

Wat is er afgesproken: we vragen een offerte aan voor een coachtraject van de directie.
Wie doet dat: Jacqueline de Bont voor 27-05-2011.
- Aan een actie gaat meestal een besluit vooraf. Hoort u een actie, dan kunt u zich afvragen wat het besluit is dat eraan ten grondslag ligt.
- Het komt ook voor dat op een besluit geen actie volgt. De wievraag blijft dan onbeantwoord.

Paragraaf 2.4 bevat een uitleg over de opbouw van agendapunten. In deze paragraaf staat dat u het vaste patroon inleiding-besluit-actie kunt gebruiken bij de selectie van informatie. In pararaaf 2.5 volgde het advies om dit patroon over te nemen op uw notuleerpapier. In deze paragraaf ziet u de uitwerking van aantekeningen op papier. Als u bij het maken van aantekeningen besluiten en acties duidelijk zichtbaar maakt, dan hebt u bij het uitschrijven van uw aantekeningen minder werk.

! *Als u een beginnend notulist bent, of u gaat een vergadering notuleren die u nog niet eerder bijgewoond hebt, blader dan eens door de map met de notulen van vorige vergaderingen. U leest zich zo niet alleen in op de (vaste) onderwerpen, u komt waarschijnlijk ook namen en afkortingen tegen die u dan later niet meer verrassen. Ook belangrijk: u ziet wat voor soort notulen het zijn en wat de 'huisregels' zijn voor formulering en opmaak.*

3.3 Kort, zakelijk en eenduidig formuleren

Jeannette notuleert de vergadering van de raad van bestuur. Ze doet dat met veel plezier, ook al is het vaak complexe materie. De voorzitter doet zijn werk en zorgt altijd voor een samenvatting aan het eind van ieder agendapunt, compleet met besluiten en acties. Het is de uitwerking van de notulen die haar zorgen baart. De voorzitter en twee andere deelnemers gebruiken nogal lange zinnen met veel omslachtige woorden. Bijvoorbeeld:
Vz: Ik ben een andere mening toegedaan, ben het zelfs apert oneens met de heer Van Driel. Het gaat erom dat onze organisatie zich focust op

interne besluitvorming en procedures, alvorens een beroep te doen op externe expertise.
Zelf kiest ze liever voor: De voorzitter is het niet eens met de heer Van Driel. Hij vindt dat de organisatie eerst moet kijken naar haar eigen besluiten en procedures, voordat ze externe deskundigen inschakelt.

Jeannette heeft gelijk. Het is beter om notulen kort, bondig en eenduidig te formuleren. Lange zinnen en moeilijke woorden maken notulen onnodig ingewikkeld. Er zijn verschillende aanwijzingen en tips voor het formuleren van notulen.

1 Kies voor de indirecte rede in de derde persoon, of voor de directe rede als u daaraan de voorkeur geeft. Wees consequent, en gebruik uw keuze in het hele verslag. In paragraaf 2.4 staat een pleidooi voor het gebruik van de indirecte rede. Voorbeelden:
   – *Indirecte rede*: De voorzitter stelt vast dat de deelnemers het eens zijn.
   – *Directe rede*: Voorzitter: 'We zijn het eens.'

2 Gebruik de onvoltooid tegenwoordige tijd. Dat leest lekkerder. Bovendien: de handelingen spelen zich af terwijl de vergadering plaatsvindt, al zijn ze natuurlijk verleden tijd wanneer u de notulen uitschrijft. Acties hoeft u niet in de toekomende tijd op te nemen, ook dat spreekt voor zich. Voorbeelden:
   – Hij *is* van mening dat ... in plaats van *was* van mening.
   – De heer Van Balen *zegt* ... in plaats van *zei*.
   – Jan *neemt* contact op ... in plaats van Jan *zal* contact opnemen.

Bovendien kunt u zo een onderscheid maken tussen wat er tijdens de vergadering gebeurde, en wat daarvoor. Een voorbeeld:

---

4 Onderzoek waterzuivering
De heer Van Buuren vat de resultaten samen van het onderzoek in november 2010. Gebleken is dat de gebruikte hulpstoffen om het water te zuiveren kankerverwekkend kunnen zijn. Nader onderzoek is nodig.
Besluit: Bureau Van der Weijde doet vervolgonderzoek.
Actie: De heer Van Buuren licht de heer Zomers van bureau Van der Weijde in.

En nu het verslag ... **45**

3 Gebruik bij voorkeur actieve taal in plaats van passieve constructies. Bijvoorbeeld:
 - De vergadering *besluit* ... in plaats van *de beslissing wordt genomen*.

4 Maak korte zinnen. Enkelvoudige zinnen (dat wil zeggen dat ze maar één persoonsvorm hebben) hebben de voorkeur. De gemiddelde zinslengte is 15 woorden. Een voorbeeld:
 - *Schrijf niet:* Mevrouw Tol vindt het een goed idee als de commissie het onderzoek overdoet, en daarna opnieuw haar conclusies trekt, en die daarna nogmaals aan de vergadering presenteert, want zoals de situatie nu is kan de vergadering geen goed beargumenteerd besluit nemen.
 - *Veel gemakkelijker te begrijpen is:* Mevrouw Tol vindt het een goed idee als de commissie het onderzoek overdoet. De commissie kan dan opnieuw haar conclusies trekken. En die dan nogmaals aan de vergadering presenteren. Zoals de situatie nu is, kan de vergadering geen goed beargumenteerd besluit nemen.

5 Kijk kritisch naar uw eigen zinnen. Lopen ze lekker? Of staan er woorden teveel in? Kijk eens naar deze zin: 'Vanuit serviceoogpunt hadden wij vooraf meer medewerking van de heer Jansen verwacht dan de medewerking die we uiteindelijk hebben gekregen.' Betekent: 'Wij hadden van de heer Jansen meer service verwacht' niet precies hetzelfde? Deze zin leest beter en is gemakkelijker te begrijpen.

6 Gebruik geen tang- of klemconstructies. Een tangconstructie wil zeggen dat een zin of een zinsdeel ingeklemd zit tussen twee delen van een andere zin.
 - *Een voorbeeld met tangconstructie:* De werkgroep moet, ondanks de tegenwerpingen, toch instemmen met het voorstel.
 - *Maak daarvan:* De werkgroep stemt in met het voorstel, ook al zijn er tegenwerpingen.
 - *Ook niet:* In het niet in gebruik zijnde gebouw heeft een door

de afdeling Communicatie georganiseerd evenement plaatsgevonden.
- *Beter is:* De afdeling Communicatie organiseerde het evenement. Het vond plaats in een leegstaand pand.

7 Vermijd de naamwoordstijl. De zin: 'De directie neemt de beslissing' kan bondiger. Wat dacht u van: 'De directie beslist'. De eerste zin is geschreven in de naamwoordstijl. Als u een zinsdeel met een zelfstandig naamwoord (vaak eindigend op -ing) vervangt door een werkwoord, dan vermijdt u de naamwoordstijl. Nog een paar voorbeelden:
- *Ervaren* in plaats van *ervaring opdoen*
- *Menen* in plaats van *een mening geven*
- *Constateren* in plaats van *de constatering doen*.

8 Zorg bij opsommingen voor symmetrie. Dat betekent dat elk deel van een opsomming op dezelfde wijze is geformuleerd (dit wordt ook wel een gelijkvormige opsomming genoemd). Een voorbeeld:
De taken van de commissie zijn:
- het opstellen en plaatsen van de vacature
- het lezen van sollicitatiebrieven
- het selecteren van maximaal vier kandidaten.

9 Vermijd een al te letterlijke weergave van de woorden van een spreker. Het is verstandig om standpunten te nuanceren, al was het maar ter bescherming van de vergaderdeelnemer. Deelnemers die hun woorden letterlijk terug willen zien, zeggen dat wel. Een voorbeeld:
- *Niet letterlijk:* Mevrouw Bakker is niet tevreden over de aanpak van de commissie en stelt voor een nieuwe commissie samen te stellen.
- *In plaats van het bijna letterlijke:* Mevrouw Bakker: 'De commissie heeft er een zooitje van gemaakt. De leden zijn niet capabel en hadden nooit gekozen mogen worden. Nú eruit met die lui.'

En nu het verslag ...

10 Vermijd suggestieve formuleringen of formuleringen waaruit blijkt dat zaken met veel emotie gezegd zijn. Kies voor: 'De heer Meesters verlaat de vergadering' in plaats van 'De heer Meesters verlaat boos de ruimte'. Meer voorbeelden van suggestieve zinnen zijn:
- Na enige aarzeling zegt de heer Kas dat ...
- Verontwaardigd roept mevrouw Scheepmaker dat ...
- Voor de zoveelste keer onderbrak de voorzitter geërgerd mevrouw Snelders.

11 Vermijd omslachtige formuleringen en dure woorden. Als een spreker zich daaraan vergrijpt, vraag de voorzitter dan om een korte samenvatting van de bijdrage. Als de deelnemer de hint begrijpt, zal zij daarna waarschijnlijk zelf meer haar best doen om zaken kort en bondig te formuleren.

Gebruik de hulpmiddelen die er zijn bij het uitschrijven van notulen. Er zijn twee boeken die u niet kunt missen:
- *Woordenlijst Nederlandse Taal* (het *'Groene Boekje'*), Sdu Uitgevers, Den Haag, zorg voor een uitgave van na 2005 in verband met de spellingherziening van 2005.
- *Schrijfwijzer*, Sdu Uitgevers, Den Haag, vanaf de vierde druk heeft u een uitgave van na 2005..

Wist u dat u de spellingcontrole van uw computer kunt instellen op allerlei kwesties op woord- en zinsniveau? Bijvoorbeeld of er passieve zinnen of voorzetcombinaties in de tekst staan. In Word gaat u via Extra – Opties en het tabblad Spelling en Grammatica naar Instellingen. Daar kunt u aanvinken op welke grammaticale kwesties u wilt controleren.

3.4 Een agenda maken

De kans is groot dat u samen met de voorzitter de agenda voor de vergadering maakt. Maar in sommige organisaties doet de voorzitter dat zelf, of de secretaris. Als u zich niet zelf met de agenda bemoeit, zorg er dan voor dat u de gelegenheid krijgt om de agenda van tevoren in te zien en met de voorzitter door te spreken. Een agenda is niets anders dan een lijst met te bespreken punten. Het is handig als bij deze punten staat wat het doel van de bespreking is: is het punt bedoeld ter informatie, wordt er een discussie verwacht, gaat het om besluitvorming? Ook kan het handig zijn om het gewenste resultaat van het agendapunt op te nemen, en/of de tijd die voor het agendapunt is gereserveerd aan te geven in minuten. Als een agenda die gegevens bevat, is het een zogenaamde geannoteerde agenda. U ziet een voorbeeld van twee geannoteerde agendapunten.

1 Evaluatie gevolgde training 'communicatie'
Aard: informerend
Gewenst resultaat: inventarisatie resultaten training
Duur: 20 minuten

2 Forecast volgend jaar
Aard: besluitvormend
Gewenst resultaat: bijstelling prognoses n.a.v. achtergebleven omzet
Duur: 30 minuten

Bij de agenda treffen de deelnemers de relevante stukken aan (bijvoorbeeld ingekomen post, memo's, voortgangsrapportages). Moet u als notulist al die stukken zelf ook lezen? Dat zou handig zijn. U weet dan wat erin staat, en of de stukken onderdelen bevatten die u goed kunt gebruiken bij uw verslag (bijvoorbeeld een managementsamenvatting bij een rapport). Dat kost natuurlijk wel tijd. Als u de vergadering toch voorbereidt met de voorzitter, dan kunt u ook met haar overleggen wat er in de stukken staat, en wat daarvan voor u handig is om te lezen. U hoeft tenslotte geen inhoudelijk deskundige te worden. De vergaderdeelnemers mogen niet van u verwachten dat u net zo goed op de hoogte bent van de besproken onderwerpen als zij dat zijn. Zij zijn de inhoudelijk deskundigen, u bent notuleerdeskundig.

Agenda-indeling

Dit is een voorbeeld van een agenda-indeling:

1 Opening
2 Vaststellen van de agenda
3 Vaststellen van de notulen van de vorige vergadering
4 Ingekomen stukken en mededelingen
5 Agendapunten *(vaste en nieuwe)*
6 Rondvraag (soms w.v.t.t.k.)
7 Sluiting

Ad 1 Opening

De voorzitter opent de vergadering. Zij heet eventuele gasten en/of nieuwkomers welkom, stelt ze voor aan de deelnemers en licht hun aanwezigheid aan de overige deelnemers toe. Dit is ook het punt waaronder sommige mededelingen kunnen vallen: iemand is afwezig vanwege een bijzondere reden, iemand moet eerder weg, bij de bespreking van een punt van de agenda zal er iemand worden bijgeroepen voor een toelichting, et cetera.

Bij de uitwerking van de notulen kunt u onder dit punt openen met: *De voorzitter opent de vergadering en heet de aanwezigen van harte welkom.* U mag die zin ook weglaten. Ze bevat immers geen nieuwe of relevante informatie.

Ad 2 Vaststellen van de agenda

De agenda hoort tijdens de vergadering officieel vastgesteld te worden. Het kan namelijk voorkomen dat een van de aanwezigen graag een extra punt op de agenda geplaatst ziet. Dat betekent wel dat de overige deelnemers zich niet goed op dit onderwerp hebben kunnen voorbereiden. Dit is de reden waarom het op het laatste moment toevoegen van agendapunten eigenlijk niet handig is.

Wijziging van de agenda kan betekenen dat de tijdsplanning herzien moet worden. Officieel is het de voorzitter die vraagt of de agenda kan worden vastgesteld. Is dat niet zo, dan stelt zij een nieuwe agenda vast. Ook moet zij aangeven of er punten vervallen of doorschuiven naar een volgende vergadering. U mag haar daar natuurlijk wel op attenderen!

Ad 3 Vaststellen van de notulen van de vorige vergadering
De voorzitter vraagt de deelnemers naar eventuele op- of aanmerkingen bij het verslag van de vorige vergadering. Alleen als de notulen goedgekeurd zijn, hebben ze bewijskracht. Maak verschil (ook in lay-out, door tussenkopjes te gebruiken) tussen twee soorten opmerkingen:
- *Redactionele opmerkingen.* Dit betekent dat er iets in het verslag staat dat niet nauwkeurig genoeg is weergeven, of niet juist is. Bijvoorbeeld: 'Toevoegen op pag. 2, punt 5: aanbesteding Rolandtbrug moet zijn € 1.300.000 in plaats van € 300.000.' Of: 'Pag. 3, punt 7: Toevoegen: de afdelingshoofden leveren de vakantieplanning *voorzien van paraaf* in voor 11-5-2011.'
- *Naar aanleiding van.* Dit betekent dat iets niet in de vergadering aan de orde is gekomen, maar dat het toch van belang is dat de ontbrekende gegevens worden opgenomen. Bijvoorbeeld: 'Toevoegen op pag. 1, punt 3: bij coördinator J. Sterk: de heer Sterk is niet meer in functie. Zijn coördinatietaken zijn overgenomen door mevrouw J. Asselbach, intern telefoonnummer 345.'

Ad 4 Ingekomen stukken en mededelingen
De voorzitter kan dit agendapunt gebruiken om ingekomen stukken toe te lichten. Als er mededelingen zijn, gaan ze vaak over beleidsaangelegenheden, ontwikkelingen, projecten of andere dingen die vallen binnen het werkterrein waar de vergadering over gaat. Als een mededeling veel discussie en vragen opwerpt, kan de voorzitter besluiten het stuk als apart agendapunt op de (volgende) agenda terug te laten komen.

Mededelingen kunnen lastige notuleerfragmenten zijn, omdat u inhoudelijk bijna nooit weet wat er komt. Alleen de voorzitter kan u tijdens de gezamenlijke voorbereiding op de vergadering laten weten wat zij bij dit onderdeel gaat zeggen. Andere deelnemers kunnen u eigenlijk alleen maar verrassen. Daarom hebt u bij het onderdeel Mededelingen recht op een samenvatting van wat

En nu het verslag ... 51

gezegd is. Datzelfde geldt voor andere slecht voor te bereiden onderdelen als 'Rondvraag' of 'Opmerkingen'.

! Als er bijna nooit ingekomen stukken zijn, dan kan dit punt vervallen. Tenslotte is er ruimte voor mededelingen onder het agendapunt 'Opening' en ze zouden ook bij het punt 'Rondvraag' aan de beurt kunnen komen.

Ad 5 Agendapunten
Er is een verschil tussen vaste agendapunten en nieuwe agendapunten. Vaste agendapunten zijn punten die altijd de revue passeren, omdat ze bij de desbetreffende vergadering horen. Ze worden iedere vergadering besproken. Bijvoorbeeld: 'Ziekteverzuim' of 'Acquisitie/nieuwe projecten'. De andere punten zijn nieuw ingebrachte punten. Zij verschillen dus per vergadering.

Een vuistregel voor het maken van een vergadervolgorde is: eerst de opening tot en met de ingekomen stukken, dan de vaste agendapunten en dan de nieuwe. Eindig met de rondvraag en de sluiting. Voor nieuwe agendapunten geldt dat de belangrijkste punten het eerst besproken worden. Dat heeft een reden. Mocht de vergadering ondanks een goede voorbereiding en planning toch uitlopen, dan zijn de belangrijkste punten in ieder geval besproken.

Ad 6 Rondvraag
Deelnemers kunnen tijdens deze fase van de vergadering persoonlijke en/of zakelijke informatie kwijt. Vraag aan uw voorzitter of zij na iedere bijdrage aan wil geven wat wel, en wat niet in de notulen thuishoort. Bij het notuleren van dit agendapunt schrijft u de namen van de sprekers op, ook als u actielijsten of beknopte notulen maakt.

Wat verder ter tafel komt (w.v.t.t.k.)
Hoewel dit punt op veel agenda's voorkomt, is het bijna altijd overbodig. Sterker nog, het is een gevaarlijk punt omdat hier vaak geheel nieuwe agendapunten worden ingebracht, waar niemand zich op heeft kunnen voorbereiden. Soms wordt het zelfs een ver-

gadering binnen een vergadering! Een goed advies: schrap dit punt! Deelnemers die echt iets te melden hebben, kunnen dat doen bij 'Vaststellen agenda', 'Mededelingen' of bij de rondvraag.

Ad 7 Sluiting
Bij dit onderdeel dankt de voorzitter de aanwezigen voor hun komst. Het is handig als nu de agenda's getrokken worden en een volgende vergaderdatum wordt vastgesteld. Vervolgens sluit de voorzitter de vergadering.

Net als bij 'Opening' hebt u de keuze om in het verslag te melden dat de voorzitter de vergadering sluit. Dat hoeft niet. Het is wel handig om de nieuwe vergaderdatum en -locatie onder dit punt op te nemen.

4 Cases en oefeningen

4.1 Case 1: commissievergadering Ruimte en Bedrijvigheid

Achtergrondinformatie

De gemeente Hunshave heeft verschillende raadscommissies. Zo'n commissie ondersteunt de gemeenteraad bij het nemen van beslissingen. Een commissie bestaat uit verschillende leden. Dat kunnen raadsleden zijn, maar ook burgerleden. Burgerlid in de commissie Ruimte en Bedrijvigheid is mevrouw De Waal-Degens. Zij is voorzitter van de Industriële Kring in Hunshave.

U hoort een fragment van een vergadering van deze commissie. Het fragment gaat over de komst van een megadisco naar Hunshave. De vestiging van zo'n uitgaanscentrum is al jaren een bron van felle discussie in de gemeente. Een aantal politieke partijen maakte zich de afgelopen jaren hard voor de komst van een disco, maar de jongeren in Hunshave staan nog steeds met lege handen. Er zijn twee complicerende factoren. De eerste is de bestemmingsplannen van de gemeente. Die staan eigenlijk nergens een dergelijk centrum toe. Nu kan een bestemmingsplan worden aangepast, maar eerdere pogingen daartoe stuitten steevast op bezwaren van omwonenden.

Op het onderdeel van de vergadering dat u gaat horen, spreekt de commissie zich uit over een mogelijke vestiging van de disco op bedrijventerrein Tarweschuur. De commissie bestaat vandaag uit twaalf deelnemers. Het gaat om punt 4 van de agenda. Slechts vijf van de twaalf aanwezigen doen bij dit punt een duit in het zakje. U hoort de voorzitter als eerste spreken.

Agenda commissievergadering op 22 november 2011
1 Opening en mededelingen
2 Vaststelling van de agenda (ter vaststelling)
3 Verslag 18 oktober 2011 (ter vaststelling)
4 Locatie en haalbaarheid uitgaanscentrum (ter advisering)
5 Verkeersplein Takemastraat (ter advisering)
6 Rondvraag
7 Sluiting

U hoort de stemmen van:
- Jacob Hermens, voorzitter
- Richard Driehuis, raadslid Plaatselijke Politieke Partij (PPP)
- Lisa Plooij, raadslid Dat Andere Geluid (DAG)
- Pim Dokhorst, wethouder
- Maaike De Waal-Degens, burgerlid en voorzitter Industriële Kring Hunshave

Oefening 1
Lees eerst de achtergrondinformatie die hoort bij deze case. Schrijf daarna mee met de cd. Het gaat om de eerste vergadering. Maak aantekeningen voor een verslag. Maak de aantekeningen zo, dat u ze later snel kunt uitwerken tot goede en duidelijke notulen, die een duidelijke weergave vormen van wat gezegd is. Een modeluitwerking staat in paragraaf 5.2.

Let op: u hoort maar een deel van dit overleg. De vergadering begint bij punt 4.

4.2 Case 2: overleg buurtfeest Bloemenwijk

Achtergrondinformatie
Het bestuur van buurtvereniging Bloemenwijk bestaat uit een voorzitter, een penningmeester, een secretaris en vier leden.
Binnenkort is er een buurtfeest. 's Middags zijn er allerlei spelletjes voor kinderen tot 14 jaar, 's avonds is er een barbecue voor alle gezinsleden.

Cases en oefeningen   55

Voor deze vergadering is het bestuur al één keer bij elkaar geweest. De belangrijkste uitkomst was een enquête over de gewenste datum plus een voorinschrijving. Deze enquête is verspreid en de voorzitter beschikt over de ingevulde formulieren. De aanwezigen kennen elkaar goed. De voorzitter, de secretaris en een van de leden zaten vorig jaar ook in het bestuur, toen het feest voor de eerste keer georganiseerd werd. En met succes!

Dit jaar hebben 42 kinderen en 36 volwassenen zich ingeschreven voor het feest. Vanavond maakt de secretaris voor het eerst een officieel verslag van de vergadering. Er is ook een agenda. U hoort de voorzitter als eerste spreken.

Agenda
1 Opening
2 Mededelingen
3 Datum buurtfeest
4 Activiteiten kinderfeest
5 Budget
6 Rondvraag
7 Sluiting

U hoort de stemmen van:
- Gert-Bas Roelsma, voorzitter
- Jan te Velde, secretaris, hij zorgt dit keer voor de notulen
- Emma Geerthuis, penningmeester
- Sterre Brouwer, lid
- Jolien Zuidema, lid

Locatie: Klaprooshof 16
Tijd: 25 april, aanvang 20.00 uur

Oefening 2: actie-/besluitenlijst maken
Maak een actie-/besluitenlijst van deze vergadering. Gebruik de indeling op de volgende pagina.

Agendapunt	Besluiten	Acties	Door	Gereed

Aanwijzingen:
- In deze oefening trekt u besluiten en acties zo veel mogelijk uit elkaar. Vindt u dat lastig? Lees paragraaf 3.2.
- Werk met een doorlopende nummering voor de actiepunten.

In hoofdstuk vijf van dit boek staat een modeluitwerking van deze opdracht.

Oefening 3: pro-contraformulier gebruiken

Halverwege de vergadering ontspint zich een discussie over een rommelmarkt. De deelnemers geven argumenten voor het organiseren van zo'n markt en argumenten tegen. Maak aantekeningen voor beknopte notulen van dit deel van de discussie. Gebruik hiervoor deze indeling. In hoofdstuk vijf vindt u de modeluitwerking.

Argumenten voor	Argumenten tegen

Cases en oefeningen   57

Aanwijzingen:
- Het gaat om beknopte notulen. Wie met een argument voor of tegen komt, is niet van belang. Wel wat het argument is, en in welke kolom het thuishoort.
- Werk uw aantekeningen uit in trefwoorden en afkortingen. U hoeft de aantekeningen niet uit te schrijven!

Oefening 4: aantekeningen uitwerken
Schrijf de aantekeningen van de pro-contradiscussie uit. U hebt hiervoor de aantekeningen nodig die u maakte bij oefening 3.

Aanwijzingen:
- Maak beknopte notulen.
- Schrijf alle argumenten voor en tegen uit.
- Maak volledige, beknopte en eenduidige zinnen.

! *Oefening 4 is een formuleeroefening. U hebt oefening 3 niet gemaakt, maar u wilt wel oefening 4 doen? Gebruik dan de modeluitwerking van oefening 3 als basis. U vindt deze modeluitwerking in hoofdstuk 5.*

4.3 Case 3: directieoverleg Octavius College

Achtergrondinformatie
Het Octavius College is een grote, regionale beroepsopleider voor de regio Rotterdam. Het college biedt een groot aantal beroepsopleidingen aan op vmbo- en hbo-niveau. Het aantal opleidingen, ruim 350 stuks, is heel divers: van banketbakker tot en met operatieassistent. De divisies Techniek en Economie zijn het sterkst vertegenwoordigd, zowel in het aanbod van opleidingen als in aantallen leerlingen. Het college is in acht jaar tijd enorm gegroeid. In het verleden waren er al twee fusies. Nog maar pas geleden ging vmbo-school Sint Johannes op in het Octavius. Sint Johannes is gehuisvest op de Pluviuslaan in Rotterdam en heet nu locatie Pluvius.

Maandelijks is er een directieoverleg. Dan vergadert de algemeen directeur met de vijf divisiedirecteuren. De divisiedirecteur Voeding is vandaag afwezig.
De nasleep van de fusie met Sint Johannes is een vast punt op de agenda. U vindt dit terug onder agendapunt 3, Integratie teams locatie Pluvius.

Er is een nieuwe notuliste, Jolanda Sikkema. De deelnemers stellen zich aan haar voor. U hoort de voorzitter als eerste spreken.

Agenda
1 Opening
2 Verslag vorige vergadering
3 Integratie teams locatie Pluvius (informerend)
4 Ontwikkeling opleidingen Mens & Media (meningvormend)
5 Bezoek delegatie Hiemstraschool (besluitvormend)
6 Rondvraag
7 Sluiting

U hoort de stemmen van:
- Hans Juisten, voorzitter
- Margreet Sandjonker, directeur divisie Economie
- Tim Postdijk, directeur divisie Techniek
- Simone Koolen, directeur divisie Gezondheidszorg
- Ellen Teeuwen, directeur divisie Mens & Media

Locatie: hoofdvestiging Octavius College, directiekamer
Tijd: 16 september, aanvang 15.30 uur

Oefening 5: de WWWWWH-methode
Dit is een mogelijkheid om de WWWWWH-methode te oefenen. De uitleg van deze selectietechniek staat in paragraaf 1.4 van dit boek. Maak aantekeningen in trefwoorden. Een modeluitwerking van deze oefening staat in paragraaf 5.3.

Cases en oefeningen

U begint deze oefening midden in het fragment, nadat Simone Koolen de vergadering heeft verlaten. U hoort de voorzitter punt 5 aankondigen: bezoek delegatie Hiemstraschool.

Terwijl het fragment speelt, stelt u zich voor dat wat gezegd wordt de antwoorden zijn op vragen: wie, wat, waar, wanneer, waarom en hoe. Afkortingen van het vraagwoord en het antwoord schrijft u op. Doe dat tot aan het moment waarop de voorzitter overgaat op het volgende punt, de rondvraag.

Aanwijzingen:
- Noteer de WWWWWH-vragen per bijdrage, alsof u aantekeningen maakt voor beknopte notulen. Het is dus *niet* belangrijk *wie* wat zegt.
- Wel doen: eerst luisteren naar wat gezegd wordt en dan bedenken op welk vraagwoord dit een antwoord is. Zo blijft u met uw aandacht bij de inhoud van de vergadering. Niet doen: in gedachten de WWWWW-vragen op een rijtje aflopen en er daarna een antwoord bij verzinnen. Dat werkt niet!

Oefening 6: aantekeningen voor beknopte notulen maken
Maak aantekeningen voor beknopte notulen van de hele vergadering. Een modeluitwerking vindt u in paragraaf 5.4.

Aanwijzing:
- Gebruik hiervoor driekolommenpapier. Een voorbeeld van deze indeling vindt u in bijlage 3 van dit boek.

Oefening 7: aantekeningen uitwerken
Schrijf deze aantekeningen uit tot een verslag, inclusief kopgegevens. U maakt geen aparte actielijst, maar u vermeldt de acties wel apart als afsluiting van ieder agendapunt. Gebruik een doorlopende nummering van de actiepunten. Vergeet de actienemer en de termijn niet! Op de volgende pagina ziet u een voorbeeld van de uitwerking van punt 5 van deze vergadering.

5 Bezoek delegatie Hiemstraschool
Er ligt een verzoek van de directie van de Hiemstraschool in Leeuwarden. Zij wil met een delegatie op bezoek komen. De school verwacht een fusiegolf en zij wil graag profiteren van onze kennis en ervaring op dat gebied. Niet duidelijk is wat de meerwaarde is van dit bezoek voor het Octavius College. De voorbereiding ervan brengt extra werk met zich mee. Mogelijk kan de afdeling Communicatie ondersteunen.
De vergadering besluit de directie van de Hiemstraschool per brief om een toelichting op het verzoek en een profiel van de school te vragen.
Actie 5.1: Schriftelijk verzoek nadere invulling voorstel en profiel voor 13-9-2011 (HJ).
Actie 5.2: Agendapunt aanhouden voor volgende vergadering (JS).
Actie 5.3: Kopie brief en antwoord Hiemstraschool naar alle deelnemers (JS).

4.4 Case 4: redactievergadering *Drieluik*

Achtergrondinformatie

In een grote gemeente in Noord-Brabant geven drie vrijwilligersorganisaties samen een nieuwsbrief uit. Het is een kwartaalblad met een oplage van 5.000 exemplaren. De titel van de publicatie is *Drieluik*. Doelgroepen zijn de bij de organisaties aangesloten vrijwilligers, maar het blad gaat ook naar het netwerk van de organisaties. Denk aan ambtenaren van de gemeente, sponsors, en aan contactpersonen van instellingen waar vrijwilligers activiteiten doen (bijvoorbeeld zieken- en buurthuizen, kinderboerderijen). De samenwerking tussen de drie organisaties is goed en de vier redactieleden kunnen prima door een deur. Vrijwilligerscentrale 'De Zonnestraal' is de grootste organisatie en levert twee redacteuren, de andere twee organisaties elk een. De enige complicerende factor is dat de drie organisaties deels concurrenten zijn. Ze putten uit hetzelfde reservoir aan vrijwilligers en sponsors en een subsidie van de gemeente wordt jaarlijks over deze drie instanties verdeeld. Daarom is het voor alledrie de vrijwilligersorganisaties belangrijk dat zij zich afzonderlijk profileren bij hun externe relaties. De besturen van de drie organisaties volgen de publicaties met argusogen: komen hun organisaties wel voldoende aan bod en doen de stukken recht aan de eigen identiteit en werkwijze? Zij krijgen de notulen in c.c.

Cases en oefeningen

Vier weken voor de uitgifte van elk nummer is er een redactievergadering. Dit keer is er een gast: de heer M. Aardens van Studio Aardens B.V. Hij is de vormgever van *Drieluik*. U hoort een deel van de vergadering. De voorzitter spreekt als eerste. De vergadering vindt zoals altijd plaats op de Herautenlaan 3 van 14.30 tot 16.00 uur.

Agenda 10 mei
1. Opening
2. Vaststellen agenda
3. Mededelingen
4. Verslag vorige vergadering
5. Kopij zomernummer *Drieluik* (besluitvormend)
6. Resultaten enquête (informerend)
7. Vormgeving *Drieluik* (besluitvormend)
8. Budgetaanvraag komend jaar
9. Rondvraag
10. Sluiting

U hoort de stemmen van:
- Alice Jongma, pr-functionaris De Zonnestraal (voorzitter)
- Dick Zwart, beleidsmedewerker De Zonnestraal
- Joost van Zalk, pr-functionaris Samen uit
- Janie Wolff, secretaris van Kerk en Samenleving
- Marco Aardens, vormgever Studio Aardens bv.

Halverwege de vergadering is er een kleine pauze. U notuleert alleen het gedeelte voor de pauze.

Oefening 8: uitgebreide notulen uitwerken
In deze oefening kunt u de theorie en tips uit het hele boek toepassen. U luistert naar het vierde fragment op de cd en maakt aantekeningen voor uitgebreide notulen. U noteert nu dus ook wie wat zegt. Daarna werkt u uw aantekeningen uit tot een verslag.

Let op: het maken van een actielijst is oefening 9. U kunt aantekeningen maken van de acties, maar u hoeft deze niet op te nemen in het verslag. De modeluitwerkingen van verslag en actielijst staan in paragraaf 5.5.

Aanwijzingen:
- Gebruik notuleerpapier bij het maken van de aantekeningen.
- Maak uw aantekeningen in trefwoorden en afkortingen.
- Las 'de gouden tien minuten' in als u klaar bent met het maken van de aantekeningen. Vul aan, streep weg, bepaal een volgorde voor het verslag.
- Werk het verslag uit inclusief kopgegevens.
- Maak volledige, korte en eenduidige zinnen.

Oefening 9: een actielijst voor uitgebreide notulen maken

Maak de actielijst die hoort bij de uitgebreide notulen van oefening 8. Een modeluitwerking vindt u in paragraaf 5.5. U kunt deze oefening doen samen met oefening 8.

Aanwijzing:
- Maak gebruik van deze indeling voor de actielijst.

Punt	Acties	Door	Gereed
1			
2			

5 Modeluitwerkingen

5.1 Toelichting

In dit deel van het boek staan de modeluitwerkingen van de oefeningen uit hoofdstuk 4. U mag het woord *modeluitwerking* heel letterlijk nemen: het is een model dat aangeeft hoe uw antwoord eruit zou *kunnen* zien. Het kan dus heel goed zijn dat uw antwoord afwijkt van de modeluitwerking. U kunt net iets meer of iets minder hebben opgeschreven, of u hebt uw antwoord anders geformuleerd. Dat kan.

! *Check alleen of uw antwoorden inhoudelijk overeenstemmen met de modeluitwerking. Uw formulering zal vast afwijken van die in het boek!*

Bij sommige oefeningen kreeg u de vraag om aantekeningen te maken. Misschien hebt u bij de uitwerking van zo'n oefening afkortingen gebruikt. Dat is prima! Dat werkt ook sneller. In paragraaf 2.6 staat niet voor niets een enthousiast pleidooi voor het gebruik van afkortingen in plaats van trefwoorden.
Toch zijn voor uw gemak het gros van de aantekeningen in de modeluitwerkingen wél in trefwoorden uitgeschreven. Vergelijk dit trefwoord met uw afkorting. U schreef bijvoorbeeld 'afd', 'ad', of 'af' voor het woord 'afdeling' in de modeluitwerking.

Als u de vraag kreeg om de aantekeningen uit te werken tot notulen, dan treft u op de volgende pagina's ook daarvan een modeluitwerking aan. Ook hier geldt dat u waarschijnlijk koos voor een andere formulering. Bij het uitschrijven van de notulen in de modeluitwerkingen is rekening gehouden met de aanwijzingen voor kort, zakelijk en eenduidig formuleren uit paragraaf 3.3 van dit boek.

Ook als u de oefeningen niet maakt, is het zinvol om de modeluitwerkingen in dit hoofdstuk door te lezen. U vindt in de toelichtingen op de modeluitwerkingen aanvullende tips.

! U kunt de opmaak van deze uitgeschreven notulen gebruiken om uw eigen lay-out voor verslagen te maken of te verbeteren. Dat is vooral handig als uw organisatie niet beschikt over vaste stramienen voor notulen.

5.2 Modeluitwerking bij case I

Modeluitwerking oefening I

U bent misleid. U krijgt géén uitwerking bij deze oefening. Die is er gewoon niet. Als het u gelukt is om van deze vergadering fatsoenlijke aantekeningen te maken, dan hebt u dit boek niet meer nodig. U staat werkelijk op eenzame hoogte.

Waarom? Op de eerste plaats: u maakt voorzitters overbodig. Deze voorzitter geeft geen leiding en de discussie leidt tot niets. Maar u weet er blijkbaar toch nog wat van te maken. Op de tweede plaats: u hebt zich niets aangetrokken van de clichés en de moeilijke, maar inhoudelijk lege woorden van de sprekers. Dat kunnen maar heel weinig mensen.

Waarschijnlijker is dat u geen aantekeningen gemaakt hebt, of maar heel weinig. Deze vergadering is namelijk onaanvaardbaar slecht. Beter geformuleerd: ze wordt onaanvaardbaar slecht voorgezeten. De deelnemers praten door elkaar heen. Ze gebruiken onnodig moeilijke woorden en ze blijven zaken herhalen. De voorzitter doet er niets aan, en draagt zelf vrolijk bij aan de chaos. Bovendien is er sprake van een stuk, de disconota, waarover alle deelnemers beschikken. Maar u beschikt niet over dat stuk. Sterker nog, u wist niet eens dat het bestond. Het komt tijdens de vergadering zomaar uit de lucht vallen.

En hoe duidelijk is de instructie vooraf? Zeg nou zelf, het verzoek om aantekeningen voor een verslag te maken, is niet gespecifi-

Modeluitwerkingen 65

ceerd. Om wat voor een soort notulen gaat het? Hoe kort of uitgebreid mag uw verslag zijn? Moeten de bijdragen van de sprekers afzonderlijk vermeld worden of mag u het hele agendapunt in een paar zinnen samenvatten?

Het mag duidelijk zijn: u kunt het notuleren van een dergelijke vergadering gewoon onderbreken. U legt uw pen neer en u zegt tegen de voorzitter dat u zo niet kunt werken. U bent dat als professioneel notulist aan uzelf verplicht. Aan deze woordenbrij valt geen eer te behalen.

! *Is het niet bij u opgekomen dat er een luchtje zat aan dit fragment? Lees dan paragraaf 1.6 en 1.7 van dit boek.*

5.3 Modeluitwerkingen bij case 2

Modeluitwerking oefening 2

Agendapunt	Besluiten	Acties	Door	Gereed
2 Mededelingen	Vacature bestuurslid	2.1 Buurman Sterre benaderen voor vacature	Sterre	Voor 23 mei
		2.2 Indien interesse, buurman uitnodigen voor volgende vergadering	Sterre	Voor 23 mei
3 Datum buurtfeest	Zaterdag 17 juni			
4 Activiteiten kinderfeest	Lijst activiteiten vorig jaar gebruiken als basis	4.1 Lijst halen bij Nelie Vandevisser	Emma	Voor 23 mei
	Speelkussen voor de kleintjes	4.2 Nelie vragen naar hoe & wat springkussen	Emma	Voor 23 mei
	Meer activiteiten grotere kinderen 10-14 jaar	4.3 Meenemen in brainstorm activiteiten volgende keer		

Agendapunt	Besluiten	Acties	Door	Gereed
5 Budget	Subsidie mogelijk?	5.1 Vragen aan gemeente	Emma	Voor 23 mei
	Lege flessen inzamelen en bij Gert-Bas verzamelen	5.2 Gert-Bas zorgt voor vervoer van de flessen	Gert-Bas	Zat. 8 mei
	Kosten: € 9 per volwassene en € 4 per kind Indien budget toch niet voldoende, vervalt het springkussen			
6 Rondvraag	Aanbod vlees/ offertes voor barbecue vergelijken	6.1 Drie offertes opvragen	Sterre	Voor 23 mei
	Aanmeldingsformulier - Datum 17 juni - Naam, leeftijd - Dieetwensen - Volwassen € 9 en kinderen € 4 - Lege flessen inzamelen 6/7 mei naar Gert-Bas	6.2 Formulier aanpassen en verspreiden	Jan	Voor 2 mei

Volgende vergadering 23 mei, 20.00 uur, Anjerstraat 74.

Toelichting uitwerking oefening 2

Als u onder het agendapunt Mededelingen ook de attentie voor aftredend lid Lies Rood hebt opgenomen, dan hebt u meer gedaan dan strikt noodzakelijk is. Het inseinen van Margreet Visser is een privé-actie van Jolien. Ze doet dat buiten het bestuur om. Dat blijkt uit de tekst. De vergadering waardeert het voorstel om een attentie te regelen, maar daarmee is het nog geen actie voor het bestuur. Ook de afspraak dat Jan zorgt voor de verspreiding van het verslag

Modeluitwerkingen

is niet opgenomen. Het maken en verspreiden van het verslag maakt meestal geen onderdeel uit van een actielijst.

Bij punt 3, Datum buurtfeest, is het besluit dat het feest op zaterdag 17 juni wordt gehouden. Er is geen actie. De notulist houdt op het aantekeningenblad wel bij wat er schriftelijk gecommuniceerd moet worden met de deelnemers aan het feest. Volgens afspraak komt het gezelschap daar aan het einde van de vergadering op terug. U ziet deze punten in deze modeluitwerking terugkomen bij punt 6, Rondvraag. Het is mogelijk dat u deze punten verspreid over uw verslag heeft staan, maar dat gaat ten koste van het overzicht.

Bij punt 4, Activiteiten kinderfeest, schuift de brainstorm over activiteiten voor de grotere kinderen door naar de volgende vergadering. Het brainstormen is op die vergadering een actiepunt voor alle leden. Jan, de notulist moet ervoor zorgen dat dit actiepunt op de agenda van de volgende vergadering komt.

Bij punt 5, Budget, is het belangrijkste besluit het geldbedrag per persoon. U hoort pas aan het eind van de vergadering een inzameldatum voor de legeflessenactie. U kunt deze datum dus pas invullen aan het einde van de vergadering.

Bij punt 6, Rondvraag, komt het formulier ter sprake. De puntjes voor op het inschrijfformulier die eerder ter sprake kwamen, worden nu samengevat. Let op dat Jan verantwoordelijk is voor het maken en verspreiden van het formulier. Dat laatste besteedt hij weliswaar uit aan zijn zoons, maar hij is voor de vergadering aanspreekpunt.

Aan het eind van de vergadering wordt de nieuwe vergaderdatum vastgesteld. Mocht u bij het aantekeningen maken in de kolom Gereed steeds gewerkt hebben met de aanduiding 'volgende vergadering', dan kunt u de data bij het uitwerken van de notulen concreet maken.
Onder de actielijst zijn datum, tijdstip en locatie van de volgende vergadering genoemd. Het is gebruikelijk om dat daar te doen.

Modeluitwerking oefening 3

5 Budget rommelmarkt organiseren?	
Argumenten voor Brengt extra geld in laatje Oude spullen wegdoen, ruimt op en is goed voor het milieu (recycling) Kringloopwinkel haalt spullen gratis op	**Argumenten tegen** Organisatie kost te veel tijd Stort kosten voor spullen die over zijn Vergelijkbare markt Bernardusparochie geen succes: maar € 50 winst en kostte 6 mensen veel werk
Extra activiteit voor de buurtvereniging, doelstelling is elkaar ontmoeten	

Modeluitwerking oefening 4

Rommelmarkt
Het voorstel om een rommelmarkt te organiseren haalt het niet.

Argumenten voor zijn:
- Een rommelmarkt brengt extra geld in het laatje.
- Mensen kunnen hun oude spullen wegdoen. Recyclen is goed voor het milieu.
- De kringloopwinkel haalt spullen die na afloop over zijn gratis op.
- Doelstelling van activiteiten van de buurtvereniging is dat mensen elkaar ontmoeten. Een rommelmarkt is een extra activiteit.

Argumenten tegen:
- De organisatie van een rommelmarkt vraag veel tijd, en die is er niet.
- Als de spullen die overblijven aan de vuilstort worden aangeboden, kost dat geld.
- Een recente, vergelijkbare markt van de Sint Bernardusparochie bracht maar 50 euro op, en heeft 6 mensen veel werk gekost.

Toelichting uitwerking oefening 4

Bij de uitwerking kreeg deze discussie een eigen tussenkopje: Rommelmarkt. U kunt in de tekst van een verslag tussenkopjes opnemen, dat bevordert de leesbaarheid.

U ziet dat de woorden van de deelnemers niet letterlijk weergegeven zijn. Dat hoeft ook niet bij beknopte notulen. U geeft alleen

Modeluitwerkingen 69

maar de kern van de boodschap weer. Het kan heel goed zijn dat u voor een andere formuleringen hebt gekozen. Zorg er wel voor dat uw zinnen beknopt en eenduidig zijn.

5.4 Modeluitwerkingen bij case 3

Modeluitwerking oefening 5

Punt 5	
Wie	Directie Hiemstraschool
Wat	Verzoek bezoek delegatie school
Hoe	Gesprek en rondleiding
Waar	Leeuwarden
Waarom	Fusiegolf, profiteren onze kennis/ervaring?
Waarom	Meerwaarde? Druk genoeg!
Wat	Medewerking divisiedirecteuren nodig
Wie	Afdeling communicatie ondersteunt
Wanneer	Niet direct
Wat	Hiemstraschool: opleidingspakket?
Wat	± Gelijk, wel agrarische opleidingen en meer ict
Wat **B**	Schriftelijk verzoek om toelichting en profiel directie Hiemstraschool
Wie **A5.1**	Vz
Wat **A5.2**	Punt aanhouden → volgende vergadering
Wie	JS
Wat **A5.3**	Kopie brief en antwoord naar divisiedirecteuren
Wie	JS

Toelichting uitwerking oefening 5

U hebt gemerkt dat de WWWWWH-vragen u helpen bij uw selectie. Misschien hebt u een 'hoe' benoemd als een 'wat', of u noteerde een 'waar' bij het antwoord op een wat-vraag. Dat is niet erg. Het gaat om het eindresultaat: een snelle selectie van informatie doordat u actief luisterde en zich concentreerde op de hoofdzaken.

U kunt met deze aantekeningen in de hand snel het verslag uitschrijven. Alle relevante informatie staat erin. Let op de codering **B** en **A** in de linkerkolom: ze geven het besluit en de acties aan. Zo kan de notulist bij het teruglezen van haar aantekeningen snel het besluit en de bijbehorende acties terugvinden. De acties zijn alvast genummerd: A5.1, A5.2 en A5.3.

Modeluitwerking oefening 6

Agendapunt	Kern	Resultaat
1 Opening	GvB m.k. afwezig SK verlaat vergadering om 16.00	
2 Verslag vorige vergadering	Inhoudelijk: geen	
	Naar aanl. van: Blz. 1, punt 3. oprichting steunpunt Techniek. Streefdatum wordt niet gehaald	Naar bilateraal overleg HJ-TP a.s. maandag
	Blz. 2, punt 5. nieuwe grafische opleidingen Mens & Media. De financiering door PSK komt wsl. rond. Intentieverklaring HJ nodig	HJ maakt concept, voor vrijdag a.s. naar ET → bilateraal afronden a.s. dinsdag
3 Integratie teams locatie Pluvius SK TP MS	Rondje: gesprek Jelske Hulsman = verantwoordelijk opl. Gezondheidszorg dubbelingen pakket. snijden in opleidingen? Onrust medewerkers → sterkst bij huish. zorg Bijeenkomst voor medewerkers als plannen concreet? herkent onrust medewerkers, ook dubbelingen techn. opleidingen Bij onvold. aanbod concentreren opleid. weinig contacten Pluvius. verwijst naar fusie Fellenoord 2002 → snel bijeenkomst organiseren medewerkers	

Modeluitwerkingen

Agendapunt	Kern	Resultaat
ET	steunt voorstel bijeenkomst. Positief: aantal nieuwe opleid. Mens & Media naar Pluvius Locatieplan maken en presenteren? Incl. aantal/ soort opleidingen, fte's, aansturing via de clusterhoofden/ locatieleider, activiteitenpad en budget Uit de pas met andere loc. plannen? → hoeft niet als presentatie voorlopig plan, def. plan cyclus volgend jaar	Voorstel bijeenkomst binnen 4 weken. Organisatie door ET, TP en SK afd. Communicatie ondersteunt TP aanspreekpunt HJ spreekt: afstemmen datum TP-JS div. Voeding? → a.s. overleg HJ GVB TP neemt opzet voorl. plan mee bij organisatie bijeenkomst Ieder verantw. voor eigen invulling divisie
4 Ontwikkeling opleidingen Mens & Media	Ruim 15 dagopleidingen, meeste op mbo, twee hbo Groei deelnemers, nu twee locaties = Fellenoord en hoofdlocatie. Pluvius komt erbij Naast dag- ook avondopl. en contractonderwijs. → toetsen aan ideeën collega's Mogelijk kruisopleidingen, bijv. techniek: standbouw en automatiseringsopl. → hoe opleidingen naar buiten brengen? TP-ET-MS om tafel? → handvatten → brainstorm nieuwe opl.	Afspraak TP-MS-ET buiten vergadering maken Afd. Communicatie raadplegen ET plus voorstel in vergadering over 2 mnd.
15.55 SK verlaat vergadering		
5 Bezoek delegatie Hiemstraschool	Verzoek van directie Hiemstraschool Leeuwarden → gesprek en een rondleiding voor dir. en raad van advies i.v.m. fusiegolf Hiemstrasch. Voordelen voor Pluvius? → druk!	HJ: brief Hiemstraschool voorstel verder invullen + profiel JS: punt naar volgende vergadering JS: brief en antwoord c.c. naar divisiedirecteuren
6 Rondvraag		
7 Sluiting		Volgende vergadering maandag 15 oktober, zelfde tijd en plaats

Toelichting op uitwerking oefening 6

In de eerste kolom staat alleen het agendapunt. Als er deelonderwerpen zijn bij een agendapunt, zoals bij punt 2, dan kunt u die deelonderwerpen in de eerste kolom opnemen. In de tweede kolom vindt u alle informatie terug die bij de verschillende agendapunten is besproken, maar niet de besluiten en acties. Die staan in de derde kolom.

Omdat dit aantekeningen zijn voor beknopte notulen, is het niet nodig om de sprekers te vermelden in de kernkolom. U maakt een uitzondering bij het eerste deel van agendapunt 3. Op verzoek van de voorzitter wordt er een rondje gemaakt. Dan is het wel zo logisch om in de aantekeningen én de uitwerking de naam van de sprekers te vermelden.

U ziet dat de aantekeningen in trefwoorden zijn opgeschreven. Ook ziet u voorbeelden van het gebruik van symbolen. De meeste trefwoorden zijn volledig uitgeschreven. In uw uitwerking hoefde dat niet! U hebt waarschijnlijk meer afkortingen gebruikt, volgens het advies in paragraaf 2.6.

Modeluitwerking oefening 7

Verslag directieoverleg Octavius College JS/DO/31

Datum:	woensdag 16 september
Tijd:	15.30-16.30 uur
Locatie:	hoofdvestiging Octavius College, directiekamer

Aanwezig: Hans Juisten (voorzitter), Simone Koolen, Tim Postdijk, Margreet Sandjonker, Jolanda Sikkema (notulist), Ellen Teeuwen
Afwezig: Gert van Buren (mk)

Agenda
1 Opening
2 Verslag vorige vergadering
3 Integratie teams locatie Pluvius (informerend)
4 Ontwikkeling opleidingen Mens & Media (meningvormend)
5 Bezoek delegatie Hiemstraschool (besluitvormend)
6 Rondvraag
7 Sluiting

1 Opening
De deelnemers maken kennis met de nieuwe notulist, directiesecretaresse Jolanda Sikkema.
Simone Koolen verlaat om 15.55 uur de vergadering, na de bespreking van agendapunt 4.

2 Verslag vorige vergadering
Inhoudelijk
De notulen worden inhoudelijk goedgekeurd.

Naar aanleiding van
Bladzijde 1, punt 3, oprichting van het steunpunt Techniek
De nieuwe streefdatum is 1 september.
Besluit: Een toelichting op de vertraging van de oprichting is gewenst.
Actie 2.1: Bespreken in bilateraal overleg a.s. maandag (HJ-TP).

Bladzijde 2, punt 5, nieuwe grafische opleidingen van Mens & Media
De financiering door het PSK van een paar nieuwe grafische opleidingen komt waarschijnlijk rond.
Een intentieverklaring van de directie is nodig.
Besluit: Afronden in bilateraal overleg a.s. maandag.
Actie 2.2: Een concept van de verklaring gaat naar ET voor a.s. vrijdag (HJ).

3 Integratie teams locatie Pluvius
Op verzoek van de voorzitter geven de deelnemers de stand van zaken in de eigen divisie.
Simone Koolen sprak met Jelske Huisman, die verantwoordelijk is voor de opleidingen Gezondheidszorg. De opleidingen sluiten niet naadloos op elkaar aan. Er zijn dubbelingen. Dat heeft mogelijk gevolgen voor het opleidingspakket op deze locatie. Er is onrust bij de medewerkers van het Pluvius, vooral bij het team Huishoudelijke Zorg. Mevrouw Koolen stelt een bijeenkomst met de medewerkers voor.
Tim Postdijk herkent deze onrust. De schaalvergroting en de nieuwe centrale aansturing dragen daaraan bij. Ook bij de technische opleidingen zijn er dubbelingen. Mogelijk leidt dat tot een selectie. Hij ondersteunt het voorstel voor een bijeenkomst.
Margreet Sandjonker heeft geen opleidingen op het Pluvius. Ze vindt dat de bijeenkomst snel plaats moet vinden. Ze verwijst naar de moeizame communicatie rond de fusie met Fellenoord.
Ook Ellen Teeuwen ondersteunt het voorstel. Een aantal nieuwe opleidingen van haar divisie gaat naar de locatie Pluvius.
Besluit: Er komt een bijeenkomst voor de medewerkers van het Pluvius binnen vier weken. Ellen Teeuwen, Simone Koolen en Tim Postdijk organiseren de bijeenkomst. De laatste is aanspreekpunt. De afdeling Communicatie ondersteunt bij de organisatie. Hans Juisten spreekt er.

Tijdens de bijeenkomst presenteert het team het voorlopige locatieplan, inclusief het aantal en soort opleidingen, de fte's, de aansturing via de clusterhoofden en de locatieleider, een activiteitenpad en het budget. Het definitieve plan loopt mee in de eerstvolgende cyclus.
Actie 3.1: Organisatie bijeenkomst medewerkers Pluvius voor 18-10-2004 (ET-SK-TP).
Actie 3.2: Afstemmen datum agenda voorzitter (JS-TP).
Actie 3.3: Informeren Gert van Buren tijdens komend bilateraal overleg (HJ).

4 Ontwikkeling opleidingen Mens & Media
Deze divisie heeft nu ruim 15 dagopleidingen, waarvan twee op hbo-niveau. Het aantal deelnemers groeit. Het Pluvius voegt zich bij de bestaande opleidingslocaties Octavius en Fellenoord. De divisie wil ook avondopleidingen en contractonderwijs aanbieden. Mogelijk zijn er kruisopleidingen te bedenken met andere divisies. De vraag is hoe de divisie de plannen naar buiten kan brengen. Ze zijn nog niet concreet.
Besluit: Tim Postdijk en Margreet Sandjonker overleggen met Ellen Teeuwen voor advies en om ideeën voor kruisopleidingen uit te wisselen. Ellen Teeuwen maakt met deze informatie en na overleg met de afdeling Communicatie een plan.
Actie 4.1: Overlegdatum plannen (ET-SK-TP).
Actie 4.2: Overleg met de afdeling Communicatie (ET).
Actie 4.3: Plan komt over twee maanden terug op de agenda (ET).

5 Bezoek delegatie Hiemstraschool
Er ligt een verzoek van de directie van de Hiemstraschool in Leeuwarden. Zij wil met een delegatie op bezoek komen. De school verwacht een fusiegolf en de directie wil graag profiteren van onze kennis en ervaring op dat gebied. Niet duidelijk is wat de meerwaarde is van dit bezoek voor het Octavius College. De voorbereiding ervan brengt extra werk met zich mee. Mogelijk kan de afdeling Communicatie ondersteunen.
Besluit: De vergadering vraagt de directie van de Hiemstraschool per brief om een toelichting op het verzoek en een profiel van de school.
Actie 5.1: Schriftelijk verzoek voor 13 september (HJ).
Actie 5.2: Agendapunt aanhouden voor volgende vergadering (JS).
Actie 5.3: Kopie brief en antwoord Hiemstraschool naar alle deelnemers (JS).

6 Rondvraag

7 Sluiting
De volgende vergadering is maandag 15 oktober, 15.30, directiekamer locatie Octavius.

5.5 Modeluitwerkingen bij case 4

Modeluitwerking oefening 8

Notulen redactiecommissie *Drieluik*

Datum: dinsdag 10 mei
Tijd: 14.30-16.00 uur
Locatie: Herautenlaan 3

Aanwezig: A. Jongma (voorzitter), J. Wolff, J. van Zalk, D. Zwart
C.c. verslag: bestuur De Zonnestraal, bestuur Samen Uit, bestuur Kerk en Samenleving, M. Aardens
Notulist: ...

Agenda
1 Opening
2 Vaststellen agenda
3 Mededelingen
4 Verslag vorige vergadering
5 Kopij zomernummer *Drieluik* (besluitvormend)
6 Resultaten enquête (informerend)
7 Vormgeving *Drieluik* (meningvormend)
8 Budgetaanvraag
9 Rondvraag
10 Sluiting

----

1 Opening
De voorzitter stelt de heer Marco Aardens van Studio Aardens bv voor. De heer Aardens is de vormgever van *Drieluik*. De aanwezigen stellen zich voor aan de heer Aardens.

2 Vaststellen agenda
De aanwezigheid van de heer Aardens is nodig bij de bespreking van de punten 6 en 7. De vergadering gaat na punt 3, Mededelingen, over op de punten 6 en 7. Na een korte pauze krijgt de vergadering een vervolg met de punten 4, 5, 8, 9 en 10.

3 Mededelingen
De heer Jan Roelofsen van de afdeling Welzijn van de gemeente neemt op 26 mei afscheid. Mevrouw Wolff vertegenwoordigt de redactie. Zij biedt namens alle drie de organisaties een boeket aan.

4 Verslag vorige vergadering
Inhoudelijk
Er zijn geen opmerkingen.
Naar aanleiding van
Bladzijde 2, punt 7. Mevrouw Tanja Daelmans neemt tijdelijk de taken waar van de heer Hans de Bont, contactpersoon bij buurthuis De Kiekkooi. Zij is bereikbaar op het nummer van de heer De Bont. Het interview met De Kiekkooi gaat gewoon door.

5 Kopij zomernummer *Drieluik*
...

6 Resultaten enquête
De heer Zwart doet verslag van de enquêteresultaten. De deelnemers krijgen een notitie. Van de 4500 enquêtes kwamen er 2776 ingevuld terug. De enquête ging over inhoud, vormgeving, verzending en frequentie.

Inhoud
Bijna 80% van de lezers is tevreden met de inhoud. Suggesties zijn:
- meer actuele zaken en verhalen
- meer aandacht voor kleinschalige projecten
- een rubriek personalia voor vrijwilligers.

Mevrouw Wolff herkent de behoefte aan actuele artikelen. Ze wijst erop dat het uitgeven van een kwartaalblad de actualiteit bemoeilijkt. De heer Van Zalk is het met haar eens.
Mevrouw Jongma stelt dat de redactie de lezers niet meer tegemoet kan komen dan zij nu al doet.

Kleinschalige projecten
De heer Zwart merkt op dat grootschalige projecten in de laatste vier nummers veel ruimte kregen.
Mevrouw Wolff vraagt namens het bestuur van Kerk en Samenleving om aandacht voor kerkelijke projecten.
Mevrouw Jongma nodigt mevrouw Wolff uit om bij de bespreking van agendapunt 5 kopijsuggesties te doen. Het bewaken van de samenstelling van de kopijlijst is een aandachtspunt voor allen.

Lijst met personalia van vrijwilligers
De lezers zien graag een rubriek met personalia in *Drieluik*.
De heer Van Zalk is tegen. Hij heeft twee argumenten: de tijd die nodig is voor de coördinatie, en de hoeveelheid ruimte die nodig is.
De heer Zwart vindt het een mogelijkheid om de gezamenlijke achterban meer bij *Drieluik* te betrekken, maar hij deelt de bezwaren van de heer Van Zalk.

Mevrouw Wolff is het eens met de heer Van Zalk. Zij verwacht dat de rubriek verhoudingsgewijs meer personalia van vrijwilligers van De Zonnestraal zal bevatten. Zij vindt dit een verkeerd signaal aan de achterban. Mevrouw Jongma concludeert dat door deze bezwaren een rubriek Personalia geen optie is.

Vormgeving
De enquête wijst uit dat de vormgeving niet meer actueel is. De heer Zwart wijt dat aan het gebruik van roze en beige tinten. Mevrouw Jongma is voor meer geel en oranje. De heer Aardens zegt dat het gebruik van andere steunkleuren geen extra drukkosten geeft.
Mevrouw Wolff herinnert de commissie eraan dat geel en oranje de huiskleuren zijn van De Zonnestraal, en dat gebruik van die kleuren daarom niet gewenst is. Datzelfde geldt voor blauw, de huiskleur van Samen uit.
De heer Van Zalk merkt op dat er meer mogelijkheden zijn voor een meer actuele vormgeving, bijvoorbeeld foto's en spelen met lettertypes en -groottes.
Mevrouw Jongma vraagt de heer Aardens een nieuw vormgevingsvoorstel te doen. Op volgende vergadering kan hij dit presenteren. Als het voorstel wordt goedgekeurd, kan het herfstnummer in de nieuwe opmaak uit.

Actualiteit adresbestand
De heer Zwart vertelt dat het adresbestand niet actueel is. 40% van het bestand heeft een verkeerde adressering en/of contactpersoon.
Mevrouw Jongma wijst erop dat alle partijen verantwoordelijk zijn voor een deel van het adressenbestand. De secretariaten screenen de Excelbestanden en sturen deze digitaal naar mevrouw Jongma.

Frequentie
De heer Zwart licht toe dat 75% van de lezers een hogere frequentie op prijs stelt. Hij ziet verband met het eerder besproken punt actualiteit.
Mevrouw Wolff is het met hem eens. Een hogere frequentie betekent meer kosten en meer redactie-uren. Kerk en Samenleving heeft daarvoor geen budget.
De heer Van Zalk zegt dat hetzelfde geldt voor Samen Uit. Samen Uit wil budget vrijhouden voor eigen promotieactiviteiten.
Mevrouw Jongma concludeert dat de frequentie van *Drieluik* blijft zoals die was.

7 Vormgeving
De heer Aardens presenteert de volgende vergadering een nieuw ontwerp. Hij neemt de opmerkingen zoals besproken bij punt 6 mee.
De heer Van Zalk vraagt namens zijn bestuur om een eigen pagina. De Zonnestraal en Samen Uit krijgen dan ook een eigen pagina, de rest blijft gezamenlijke inbreng.

> Mevrouw Jongma is tegen. Uitbreiding van *Drieluik* zit er niet in, dus eigen pagina's moeten af van de huidige twaalf. Dan blijven er met inbegrip van voor- en achterpagina en pagina 1 (colofon, column) maar zes gezamenlijke pagina's over.
> De heer Zwart bedingt bij zo'n wijziging twee pagina's voor De Zonnestraal. Zijn argument is de 50-25-25% verdeling van de kosten.
> Mevrouw Wolff en de heer Van Zalk zijn tegen het voorstel van de heer Zwart.
> Mevrouw Jongma stelt dat *Drieluik* een gezamenlijk medium is. Dat staat in het redactiestatuut. Eigen pagina's ondergraven die gezamenlijkheid. De vergadering keurt het voorstel voor eigen pagina's om die reden af.
>
> **8 Budgetaanvraag**
> ...
>
> **9 Rondvraag**
> ...
>
> **10 Sluiting**
> ...
>
> De volgende vergadering is op 16 augustus van 14.30-16.00 uur op de Herautenlaan 3.

Toelichting uitwerking oefening 8

U hebt nu ervaren dat deze vorm van verslaglegging de meest intensieve is. Dat geldt voor het maken van de aantekeningen en het uitschrijven ervan. U ziet dat ook terug in de lengte van het verslag. Wilt u recht doen aan de bijdragen van sprekers en er ook nog een verzorgde vormgeving op nahouden, dan hebt u ruimte nodig.

Wat valt nog meer op? De namen van de sprekers zijn onderstreept en ze staan aan het begin van de zin. Door deze twee opmaaktrucs is bij het lezen van het verslag direct duidelijk wie wat gezegd heeft. Hoewel de toon van de vergadering informeel is, spreekt het verslag van *de heer* en *mevrouw*. Dat is gebruikelijk als het verslag in c.c. naar lezers gaat die de vergaderdeelnemers niet zo goed kennen.

De uitwerking van het verslag volgt punt 1 tot en met 10, ook al was de volgorde van de agendapunten anders.

Modeluitwerkingen   79

Bij de *kopgegevens*. U kunt de agenda eruit laten. Dat is immers een optie. De naam van de notulist ontbreekt, maar er is wel een plekje voor gereserveerd. Ook is te zien wie het verslag in c.c. krijgt.

De aanwezigheid van Marco Aardens is ondergebracht bij punt 2, Vaststellen agenda, omdat er een logisch verband is tussen zijn aanwezigheid en de volgorde van de agenda. U moet zijn aanwezigheid en de volgorde van de vergaderpunten wel duidelijk benoemen.

Punt 6, Resultaten enquête, is het meest uitgebreide punt. Er is met subkopjes en witregels gewerkt. Als u dat niet doet, bespaart u papier, maar dat gaat ten koste van het overzicht en dus van de leesbaarheid van het verslag.
U kreeg de notitie van de heer Zwart niet van tevoren. Dat hoort eigenlijk niet, maar u hebt tenminste geen informatieachterstand op de deelnemers.

! *Bij een echte vergadering zou u op dit stuk met een markeerstift kunnen aangeven wat er in het verslag moet. Dat bespaart u veel aantekeningen.*

De acties staan niet in deze uitwerking. Als u ze wel vermeld had, dan komen ze per punt onder de vermelding van de bijdragen van de sprekers.

Modeluitwerking oefening 9
Actielijst vergadering redactiecommissie *Drieluik* 10 mei

Punt	Acties	Door	Gereed
3	Bezoek receptie Jan Roelofsen	JW	26-05
	Boeket aanbieden namens alle organisaties	JW	
4	Nieuwe afspraak interview De Kiekkooi	DZ	13-05
5	...		
6	Secretariaten opdracht geven adresbestand te updaten	Allen	16-08
7	Kopie van verslag naar de heer Aardens	AJ	13-05
	Nieuwe presentatie Drieluik	MA	16-08

Toelichting uitwerking oefening 9

Dit is een verrassend korte actielijst. Natuurlijk ontbreken er nog acties, omdat u niet de hele vergadering genotuleerd hebt. Waarschijnlijk is dat punt 5, Kopij zomernummer *Drieluik*, een aantal acties extra had opgeleverd. Maar toch ...

In deze vergadering zijn de deelnemers geïnformeerd en er zijn meningen uitgewisseld. Soms komt daar een besluit uit. Niet altijd betekent dat een actie. Deze oefening onderstreept wel het belang van het kunnen luisteren volgens het patroon informeren-besluiten-acties in paragraaf 2.3.

In deze lijst zijn de acties niet (door)genummerd. Lees bijlage 2 als u meer wilt weten over de indeling van actielijsten en het gebruik van een doorlopende nummering.

Bijlage I Schema vergaderoverzicht

Met het schema op deze pagina maakt u snel een overzicht van een vergadering en het soort notulen dat u gebruikt. In hoofdstuk 1 en 2 van dit boek vindt u een toelichting op de termen in de linkerkolom.

Voorbeeld

Naam vergadering	Het MT
Duur	90 min
Frequentie	1x per week
Deelnemers	Directeur (voorzitter) Hoofd afdeling beleid Controller Hoofd afdeling P&O PR-functionaris Managementassistente (notulist)
Aantal deelnemers	6
Doel vergadering	Beleid maken en toetsen Controleren voortgang uitvoering
Doel notulen	Vastleggen besluiten en afspraken
Frequentie	Vergadering op maandagochtend verspreiden verslag op donderdag
Soorten agendapunten	Informerend, meningvormend en besluitvormend
Soort notulen	Beknopt verslag met actiepuntenlijst

! *Stop dit schema in de (digitale) map waarin u uw verslagen opbergt. Handig voor u en voor een eventuele vervangende notulist.*

Bijlage II Voorbeelden actielijsten

Datum	Punt	Acties	Door	Gereed
06-03-11	5	Inventariseren welke gemeenten willen deelnemen	TP	Eind juli
		Bevestigingbrief versturen bij deelname	OA	Begin aug.
06-03-11	6	Gesprek met GGZ over voortgang COBA	KS	13-03-11
08-04-11	4	Bewaken reactie JVZ budgetverdeling	KS	27-04-11

In deze actielijst staat de datum van de vergadering aangegeven, het agendapunt, de actie, de actienemer en de datum waarop de actie gedaan moet zijn. Bij punt 5 zijn er twee acties. Omdat in de eerste kolom de datum van de vergadering staat, is zichtbaar hoelang een punt op de actielijst staat. Punten die afgehandeld zijn, verdwijnen uit de actielijst.

Er zijn andere vormen mogelijk. Dit is er een van.

Kenmerk	Acties	Door	Gereed
06/11/5.1	Inventariseren welke gemeenten willen deelnemen	TP	Eind juli
06/11/5.2	Bevestigingbrief versturen bij deelname	OA	Begin aug.
06/11/6.1	Gesprek met GGZ over voortgang COBA	KS	13-03-11
07/11/4.1	Bewaken reactie JVZ budgetverdeling	KS	27-04-11

Bijlage II Voorbeelden actielijsten   83

De code 06/11/5.1 betekent dat dit eerste actie is bij agendapunt 5 van de zesde vergadering in 2011. De vergaderingen zijn per jaar genummerd, de agendapunten hebben een nummer en dat geldt ook voor alle acties. De actiepunten hebben een doorlopende nummering. In dit voorbeeld krijgt elke actie een eigen horizontale kolom. Ook hier valt een actie die afgehandeld is 'uit' de lijst.

Een andere mogelijkheid is dat u de historie van actiepunten kort weergeeft. Dat wil zeggen dat u actiepunten die afgehandeld zijn wél in de lijst houdt. U onderscheidt ze van lopende actiepunten door ze een andere vorm te geven (cursiveren, onderstrepen, een andere kleur geven). Het nadeel van dit systeem is dat actielijsten in de loop van een vergaderjaar erg lang kunnen worden, en dat is eigenlijk niet de bedoeling van een actielijst. U ziet een voorbeeld.

Kenmerk	Acties	Door	Gereed
04/11/4.1	Inventarisatieformulier aanpassen en verzenden	TP	12-08-11
05/11/5.1	*Inventariseren welke gemeenten willen deelnemen*	OA	*Eind juli*
05/11/5.2	*Bevestigingbrief versturen bij deelname*	OA	*Begin aug.*
11/10/8.2	Budgetronde partners aankondigen	KS	Eind okt. 2010
12/10/7.1	Voorstel budgetverdeling maken en verspreiden	KS	Eind nov. 2010
05/10/6.1	*Bewaken reactie budgetverdeling*	KS	27-04-11

Acties die nog open staan, zijn *gecursiveerd*. Zo kan de lezer in een oogopslag zien welke acties nog openstaan. Als de lezer alle acties leest, heeft hij een idee van wat er aan de actie is voorafgegaan. Kijk maar. In de kruising van de tweede horizontale kolom met de derde verticale kolom staat dat de budgetronde in de elfde vergadering van 2010 begon met een aankondiging. In de twaalfde vergadering is afgesproken om een budgetverdeling te houden en dit voorstel te verspreiden. Deze actiepunten zijn afgerond. In de vijfde vergadering van 2011 is er een actie bij dit onderwerp bijgekomen: de bewaking van de reacties op de budgetverdeling.

Bijlage III Voorbeelden indeling notuleerpapier

Tweekolommensysteem

Agendapunt	Resultaat

Driekolommensysteem

Agendapunt	Kern	Resultaat
Agendapunt of onderdeel van agendapunt	Samenvatting agendapunt, of een samenvatting per spreker	Besluiten en acties

Vierkolommensysteem

Agendapunt	Resultaat	Actienemer	Termijn
Agendapunt	Besluiten en acties	Wie	Voor wanneer

Pro-contra

Agendapunt	
Argumenten voor	**Argumenten tegen**

Al deze voorbeeldstramienen lenen zich voor gebruik op de laptop. De indelingen van het drie- en vierkolommensysteem worden het meest gebruikt.

Gebruikte- en aanbevolen Literatuur

Taal/tekst
Bouman, J. *Hoe spel je dat?* Thema, 2009
Bouman, J. *Hoe schrijf je dat?* Thema, 2008
Geus, J. de en N. Loomans. *Stukken beter schrijven.* Thema, 2010
Nederlandse taalunie. *Woordenlijst Nederlandse Taal* (Het Groene Boekje). Sdu Uitgevers en Uitgeverij Lannoo, 2005
Renkema, J. Schrijfwijzer. Sdu Uitgevers, 2005

Notuleeruitgaven
Houët, H. *Notuleren met gemak.* Bohn Stafleu van Loghum, 2009
Jans, R. *Kernachtig notuleren, een stappenplan.* Nelissen, 2006
Ouwehand, I., S. Gielliet en M. de Jong. *Handboek Notuleren.* Kluwer, 2009
Schoenaerts, P., *Notuleren kan je leren.* Uitgeverij Acco, 2009
Verhaar, E., C.E.C. Callis en J. van Damme, *Notuleren.* Schoevers, 2010

Vergaderen/besluitvorming
Kuijper, C. *Resultaatgericht vergaderen.* Academic Service, 2007
Loomans, N. *Iets voor de rondvraag?* Thema, 2010
Piët, S. *Overleg, vergaderen en onderhandelen.* Noordhoff Uitgevers bv, 2005

Hoe schrijf je dat?
Schrijftips & Taalregels

Jolanda Bouman

Hoe zit het ook alweer met hen en hun? Wat is een goede slotzin voor een brief? In *Hoe schrijf je dat?* vindt u snel en eenvoudig oplossingen voor allerlei schrijfproblemen. Met heldere tips voor prettig leesbare teksten, een uitgebreid register en veel goede – en foute! – voorbeelden uit de praktijk.
De beknopte theoretische uitleg bevat zo min mogelijk grammaticale terminologie. Onmisbaar voor iedereen die regelmatig teksten schrijft.

ISBN **978 90 5871 521 0**

Voor meer informatie over de boeken van Thema: www.thema.nl